中国新兴媒体发展报告

2012—2013

新华社新媒体中心 编

新华出版社

图书在版编目（CIP）数据

中国新兴媒体发展报告. 2012～2013 / 新华社新媒体中心编. —北京：新华出版社，2013.6

ISBN 978-7-5166-0510-3

Ⅰ.①中… Ⅱ. ①新… Ⅲ. ①传播媒介—产业—研究报告—中国—2012～2013 Ⅳ. ①G219.2

中国版本图书馆CIP数据核字（2013）第131679号

中国新兴媒体发展报告(2012—2013)

编　　著：新华社新媒体中心

出 版 人：张百新　　**责任编辑**：王　婷
装帧设计：梁　凯　　**责任印制**：廖成华
责任校对：刘保利

出版发行：新华出版社
地　　址：北京石景山区京原路8号　　**邮　　编**：100040
网　　址：http://www.xinhuapub.com　　http: //press.xinhuanet.com
经　　销：新华书店
购书热线：010-63077122　　**中国新闻书店购书热线**：010-63072012

照　　排：松竹梅图文设计工作室
印　　刷：北京凯达印务有限公司

成品尺寸：185mm×260mm
印　　张：12.75　　**字　　数**：100千字
版　　次：2013年7月第一版　　**印　　次**：2013年7月第一次印刷

书　　号：ISBN 978-7-5166-0510-3
定　　价：68.00元

前 言

当前，依托于互联网、移动通信、数字技术的新媒体空前勃兴，中国和世界同步经历着一场新兴媒体革命。具有强大生命力、广泛辐射力和深厚渗透力的新兴媒体，正全面而深刻地改变着人类社会。

作为全球新媒体大国，中国拥有世界数量最庞大的新兴媒体用户、形态最丰富的新兴媒体应用和市场最活跃的新兴媒体产业。新兴媒体对于我国经济社会发展的促进作用日益显著，不仅重构了新闻舆论传播格局，催生出丰富的网络文化，还不断拓展着信息经济产业，深深植入当代中国的大舞台。新兴媒体已经成为促进中国社会、经济、文化全面发展的强力引擎。

2012 年，中国新兴媒体在全球格局中开放而活跃，崛起态势明显。在国家发展战略的大力支持下，中国新兴媒体在技术和基础设施方面的自主研发与创新能力进一步提升，互联网和手机用户数量持续增长，云计算、大数据等新技术日益步入实践，微博、微信以及基于移动互联网的诸多新应用不断涌现，新媒体的产业格局和市场运营日益向纵深推进，新媒体产业经济规模不断壮大。在全球格局中，中国正在开拓具有本国特色、符合本国国情的新兴媒体发展道路。

新兴媒体是当今世界发展最活跃和最重要的领域之一，也是各国竞相发展的战略制高点。从某种意义上说，谁掌握新兴媒体，谁就能在未来的发展与竞争中把握先机。由此，需要在国家战略层面进一步重视新兴媒体，加力发展新兴媒体技术和产业，并高度重视应对新兴媒体引发的挑战，充分把握新兴媒体所带来的机遇，加速产业战略升级，力争尽快成为世界新兴媒体强国。

2012—2013年度可以说是中国由新兴媒体大国迈向新兴媒体强国的起点，值得记录和展望。新华社新媒体中心以此作为开端，每年度将发布《中国新兴媒体发展报告》。本报告立足于全球视野和中国特色两个视角，通过“新”和“兴”两个关注点，高度概括2012年中国新兴媒体的崛起态势，梳理中国新兴媒体在技术、应用、产业发展等方面的特点，解析新兴媒体对中国社会的影响；对2013年的中国新兴媒体产业进行展望并提出发展建议。

让我们共同记录和见证中国新兴媒体的发展历程。

PREFACE

With the unprecedented flourishing of new media, which relies on the Internet, mobile telecommunications and digital technology, both China and the world are experiencing a media revolution. Full of vitality, broadly influential and deeply penetrating, new media is bringing comprehensive and profound changes to human society.

As a global new media giant, China has the world's largest population of new media users, the most vibrant range of new media applications and the most dynamic new media industry. New media is playing an increasing role in facilitating China's economic and social development. It is reshaping the dissemination of news and public opinion and breeding a rich online culture. It is also ceaselessly propelling the expansion of industries related to the information economy and has deeply embedded itself in contemporary

China. New media has become a powerful engine for advancing China's social, economic and cultural development.

In 2012, the rise of China's new media became more prominent with the industry's open and dynamic performance in the global arena. With the great support of the country's strategic development plan, China's new media industry improved its independent research and development ability as well as innovation capacity in the realms of technology and infrastructure. The industry saw continuous growth in the number of Internet and mobile users. In addition, new technologies such as cloud computing and big data were gradually put into use while Weibo, WeChat, and many other new applications based on mobile Internet flourished. The structure of the new media industry has become multifaceted and the market operation has deepened. The economic scope of the new media industry has continued to expand. In the global landscape, China is forging a new media development path that features its own national characteristics and is suitable to its own national circumstances.

New media is one of the most dynamic and important areas of development in today's world. It is also a strategic high ground over which countries are competing. In a certain sense, whoever grasps new media will have the advantage in future development and competition. Therefore, further attention should be given to new media at the level of national strategy. China should ramp up its efforts to develop new media technologies and industries. It should pay great attention to meeting the challenges created by new media and fully grasp the opportunities new media offers. China should accelerate the sector's strategic upgrading, in an effort to become a global new media power as soon as possible.

The year 2012 can be marked as the start of China's transition from being a new media giant to becoming a new media "great power". As such, it is worthwhile to keep an account of the situation of China's new media industry in 2012 and its prospects for the future. For this reason, the New Media Center at Xinhua News Agency publishes its first annual report on China's rising new media. From both the global and Chinese perspectives and with a focus on "new" and "rising," the report summarizes the rise of China's new media in 2012; enumerates its characteristics in the areas of technology, application and industrial development; analyzes its impact on Chinese society; and looks into the industry's prospects for 2013 as well as offers suggestions for its development.

Let us record and bear witness to the development of China's new media industry.

目 录

CONTENTS

摘要

新兴媒体是当今世界发展最活跃和最重要的领域之一。

本报告是国内第一本中国新兴媒体发展报告，立足于全球视野和中国特色两个视角，通过“新”和“兴”两个关注点，高度概括2012年中国新兴媒体的发展态势和基本特征，全面梳理中国新兴媒体在技术、应用、产业发展等方面的特点，解析新兴媒体对中国社会的影响，对2013年的中国新兴媒体产业进行展望并提出发展建议。

从总体发展态势来看，2012年是中国由新兴媒体大国迈向新兴媒体强国的起步之年，中国新兴媒体开始呈现全面崛起之势。中国新兴媒体发展不仅表现在用户和基础设施的数量上快速增长，还在技术自主创新与标准制定方面有了质的飞跃，诸多新技术和应用走向实践，新兴媒体形态丰富多样、百花齐放，产业格局开放活跃、竞争有序，新兴媒体市场呈现勃勃生机，相关产业链已初步形成，新兴媒体的社会政治参与度和文化娱乐功能进一步提升。

2012年以来，在技术和设施发展方面，中国新兴媒体正在从3G规模化发展走向4G前沿，“宽带中国”将上升为国家战略，移动互联网发展提速，三网融合平稳推进，云计算、大数据等新技术、新应用不断步入实践，智慧城市建设起步，卫星导航系统迈出一大步。

中国新兴媒体产业、市场日益开放活跃，形态、应用日益丰富多样。2012 年，国内企业正在走向世界，新兴媒体的民族品格彰显；社交媒体、新媒体视频、手机电视、移动阅读、新闻客户端、网络购物、网络游戏等应用方兴未艾。

主流媒体顺应新兴媒体发展大势积极作为，“新、旧”主流媒体转向移动化传播，新闻网站开启上市潮，主流媒体网站市场化改革加快，主流媒体积极抢占微博、微信等新媒体平台。

成长中的新兴媒体成为中国社会进步的新力量。各级党和政府更为积极主动地运用新媒体提高执政能力，政务微博成为网络问政的重要平台，新兴媒体成为中国政治发展加速器；新兴媒体经济不断迈上新台阶，新文化不断涌现，新兴媒体不断释放正能量。

国家在积极推进新兴媒体发展的同时，更重视新兴媒体的有序发展，加强了对虚拟空间的治理。在全球格局中，中国正在开拓具有本国特色、符合本国国情的新兴媒体发展道路。

中国新兴媒体的崛起时代开始了！

ABSTRACT

China in 2012: New Media, New Trends

I.China's New Media Landscape in 2012

These days, it's amazing to see new media experiencing unprecedented development, thanks to the booming expansion of theInternet, mobile communications and digital technology. As elsewhere in the world, China is undergoing a new media revolution. China’s new media has demonstrated great strength, extensive reach and profound penetration thus far, and is changing the landscape of humankind like never before.

Just as many people know Google, Facebook and Amazon, the names of many Chinese media giants like Alibaba, Tencent and Baidu are also widely known. These Chinese companies are developing brandnew technologies and applications that are enriching the media landscape around the world.

Today, China has the most new media users of any country in the world. It also has a great variety of new media applications as well as new media industries that are no less fascinating than those in other parts of the world. New media has become a key engine of social, economic and cultural development in China.

In 2012, China further improved its innovative capabilities in new media technology and infrastructure. China experienced steady growth in the number of Internet and mobile subscribers, increased application of cloud computing and big data, as well as broader adoption of microblogs and WeChat(Weixin, or micromessaging). China's new media industry has shown vigor and vitality, unprecedented in its own history and unique in the world. Now the agenda for China is: How can it develop new media that tallies with the country's own characteristics amid the global landscape?

a) Twin Focuses: "New" and "Rising"

Our observations and analyses of new media developments in China mainly center on "two focuses".

First, new media needs to be new. Driven by a new generation of information technology, new media has undergone a rapid revolution by embracing new forms and new applications. One of the key features of new media is that it constantly reinvents itself. For this reason, society needs a completely different approach as it seeks to identify, shape, use, and regulate new media.

Since new media has already penetrated our daily life, however, we probably should put more emphasis on how new media can "rise" effectively. Being fully cognizant and aware, we then will be able to master new media and let it generate a meaningful impact in the new era.

b) Rapid Expansion of New Media

Since it connected to the international Internet back in 1994, China has witnessed rapid media development. According to the Chinese National Network Information Center, by the end of 2012, the number of netizens was 564 million, and the number of mobile netizens was 420 million, or 18 percent more than in 2011. Mobile phones have surpassed traditional networks in all growth parameters. Note that China now has 1.1 billion mobile phone owners, meaning that 8 out of every 10 Chinese own a mobile phone. Clearly, China is the largest new media country in terms of user scale.

As we have seen, new media has emerged and benefited, and will continue to do so, from technology – including information, digital and network technology. What we are experiencing today is the transition from the traditional network to a mobile network, from cross-network to convergence, and from information services to in-depth social applications. Particularly eye-catching among these transitions are names like "4G, cloud computing, big data", etc., which are discussed below:

c) Four Areas of Technological Innovation:

1.China is Leading the 4G Front

In the 3G era, China's TD-SCDMA became one of the three mainstream mobile technologies in 2000. Now there are 230 million 3G users and one-third are TD-SCDMA users. In 2013, 3G technology will undergo massive commercial application.

Meanwhile, China's self-patented TD-LTE was named one of two international standards for 4G last January and China Mobile has already started 4G network construction in selected regions.

2.Wide Broadband Infrastructure

Despite extensive broadband infrastructure construction, Chinese netizens have yet to benefit from truly fast connections. Starting in 2012, the Chinese government began to invest heavily in major programs to ensure the availability of quality broadband service.

3.Dawn of Cloud Computing

Cloud computing is perhaps the most representative new

technology in the area of new media. In China we see many cloud initiatives, half of which are sponsored by the government. Operators like China Mobile are upgrading their cloud services. Alibaba, Sina, and Baidu are developing public cloud platforms. Tencent and Qihu360 are developing enterprise cloud platforms, and Microsoft and Amazon are promoting their cloud computing services in China. Now that cloud infrastructure is quickly taking shape, we anticipate cloud-related industries to take off.

4.Arrival of "Big Data" Era

Along with rapid developments in mobile bandwidth technology, more and more transmission equipment and mobile terminals access the Internet, thus generating gigantic amounts of data – what is called "big data". It is not only a concept, but is a matter of strategic importance and has immense application value.

China started to take "big data" seriously in 2012. Information processing technology is one of four innovation areas which the Chinese government hopes will achieve breakthroughs during the period from 2010 to 2015. Many subareas, including data storage and data mining, etc. fall within the scope of "big data". Meanwhile, many leading enterprises have strategic plans involving big data as well.

II.New Media Trends in 2012

a) Social Media Generating More Impact

Social media is obviously the most eye-catching subject for the global new media market today. It is the same in China, where instant messaging, microblogs, WeChat (or micromessaging), blogs, forums and social websites are all very active.

Over 300 million users had microblogs as of the end of last year, representing over half of all netizens. It is particularly noteworthy that over 80 percent of users visit microblogs through mobile terminals.

What has aroused huge excitement in China today is WeChat, which was developed by Tencent in 2011. Users can quickly send voice messages, videos, pictures and texts and chat within groups. In January 2013, less than two years after it was introduced, WeChat already had over 300 million registered users.

b) Video: New Access to Information

After explosive growth in 2011, mobile TV and Internet TV continued to grow fast. In 2012, for the first time, online video covered a greater number of netizens than search engine users. However,Internet video has seen intense competition. In 2012, Youku and Tudou merged to become the largest Internet video company in China; meanwhile, a few other major players formed alliances. The video arm of Tencent developed exceptionally fast in the last couple of years, to challenge the current competitors in online TV. It has invested heavily in video production, copyright purchase, and also obtaining online TV broadcasting rights for major sports events, etc.

On the other front, mobile TV has shown mild growth. All mobile operators attach great importance to mobile TV, and their streaming volume has exceeded some major Internet companies.

As China progresses in network convergence, TV, computer, mobile and tablet computers have all become means of accessing Internet video. We now see cross-industrial competition among home appliance producers, IT companies and the Internet.

We think that 2013 will become a milestone for mobile video, as more and more users become accustomed to accessing video through mobile terminals to kill time. For example, streaming volume through mobile terminals accounted for one-fifth of Youku-Tudou's total volume.

c) Mobile Media: Changing Reading Habits

In 2012, smartphone sales exceeded functional phone sales for the first time, and the number of mobile netizens for the first time exceeded laptop users. This indicates a fundamental shift in the way people obtain information. From 2007 through 2011, the mobile phone reading market has grown by 30 percent per year. At the same time, what people read on their phones has also been changing. Mobile phone newspapers accounted for 90 percent of mobile phone reading two years ago, but dropped below 50 percent in 2012.

Instead, we see sharp growth turning to news applications on smartphones, which in all ways surpassed SMS news in the amount of information carried, in the degree of interaction, and in their flexibility and visual attractiveness. We see many products developed by mainstream media, traditional Internet portals, and independent developers all rushing into this space.

China Telecom developed its digital reading business quickly. It set up audio/video and reading platforms and has already registered a large number of users.The news applications of Tencent and Sohu are among the outstanding ones.

Manufacturers of Chinese "Kindles" suffered decelerated growth and losses in 2012. However, stimulated by tablet computers, the digital publishing and reading market is growing fast. China's publications authority formed strategic partnerships with all mobile operators to encourage digital publishing. Meanwhile, all major online merchants have swarmed into the digital reading space. How the entry of Kindle will shape the space is yet to be seen.

d) Arrival of Mobile Payment Era

By the end of 2012, online shoppers in China had reached 240 million.Fierce competition exists among the major players like Taobao and 360buy etc. On Nov. 11, a popular holiday known as "Singles Day", Taobao launched massive discounts. On that day alone, Taobao had 100 million Alipay transactions and reached 20 billion yuan in sales volume. According to statistics, online shopping accounted for 6.2 percent of the entire country's retail sales volume in 2012. The number of users who conduct transactions online or through online banks both reached 200 million in 2012, making online payment the fastest development application. Statistics show that over 3.6 trillion yuan in transactions were made in 2012, growing by 67 percent year on year.As online shopping has boomed, mobile payment has become increasingly available and accepted. Various mobile payment solutions are offered by network operators,banks and Union-Pay, a Visa-like company. In January 2013, the People's Bank of China, the central bank, issued technology standards regarding mobile payment, which willbe conducive to the development of mobile payment.

III.Challenges: Alternative Paths for Mainstream Media

In the past decade, many former media leaders have faded amid the rise of the Internet. This shows that during a time when traditional mass communication is undergoing fundamental change,mainstream media should be more ambitious.

a) Ambition and Action Amidst the Emergence of New Media

In 2012, China still had nearly 400 million Internet news readers. It is unquestionable that in the new media worldthere is still a huge demand for news. It is the paper that is fading – not the news. Once mainsteam media successfully adapts to new communication modes, it will be reborn and generate more impact. We have good reason to believe that mainstream media in China has enjoyed a huge advantage in mass communication and will continue to do so.

b) "New" and "Old" Mainstream Media Turning to Mobile Communication

In the era of mobile new media, turning to mobile communication is an indisputable trend for mainstream media, whether new or old.

Just as nearly 90 percent of newspapers in North America have created apps for mobile platforms, China is no different. In China, we see mobile apps tailor-made for tablet computers and binary code in complementary use.

More and more media have started to publish through mobile terminals, however only a few have started to sell. For traditional media, it remains to be seen whether mobile terminals can be self-supporting as an independent form.

c) Attention to Microcommunication

In China today, there are two main opinion arenas. One is the mainstream field led by the state-owned news agency and TV networks, and the other is the Internet. In 2012, state media performed exceptionally well in the microblog arena. They were able to deliver real-time news and strong commentaries that won wide support in opinion circles.

The rise of mainstream media in the microblog area has changed the status quo ante, wherein mainsteam media were somehow lagging or ignored. The courage and ability of mainstream media to disclose truth and safeguard social justice has helped it regain public trust, and in turn, has strengthened its efficiency and effectiveness in mass communication.

一、总体态势与基本特征：崛起的中国新兴媒体

一、总体态势与基本特征：崛起的中国新兴媒体

2012年，中国新兴媒体总体上开始呈现崛起之势。

新兴媒体的重要性在国家发展战略中日益凸显，中国正在由新兴媒体大国走向新兴媒体强国。中国新兴媒体发展不仅表现在用户和基础设施的数量上快速增长，还在技术自主创新与标准制定方面有了质的飞跃，4G、云计算等代表世界新媒体产业潮流的诸多新技术和应用走向实践，新兴媒体形态丰富多样、百花齐放，产业格局开放活跃、竞争有序，中国新兴媒体企业正在大步迈出国门走向世界，相关产业链已初步形成，新兴媒体市场呈现勃勃生机，新兴媒体的社会政治参与度和文化娱乐功能进一步提升。国家在积极推进新兴媒体发展的同时，更重视新兴媒体的有序发展，加强了对虚拟空间的治理。

整体而言，中国新兴媒体在全球中后发而显出超越之势，积极借鉴国外先进技术而本土特色鲜明，发展速度快而整体健康有序，新兴媒体在中国社会发展中的积极促进作用远大于负面消极影响。

本报告对于新兴媒体的观察和分析主要基于两个视角和两个关注点。

◎两个视角："全球视野"和"中国特色"

第一个视角是"全球视野"。网络信息技术是人类有史以来最伟大的发明之一。基于网络信息技术的新兴媒体已经成为全球前所未有的最强势媒体，新兴媒体是人类社会先进力量的体现，代表着世界文明发展的大势，是各个国家竞相发展的战略制高点。在中华民族实现伟大复兴的道路上，要以最开放的姿态来看待新兴媒体，要立足于全球视野来大力发展新媒体。

第二个视角是"中国特色"。中国和西方国家在国情和发展道路上有着很大的差异。西方国家在新兴媒体领域起步早，拥有技术、资本和标准优势。作为新兴媒体的后发国家，中国应发展好新兴媒体，让新兴媒体在国家综合国力提升和社会进步的进程中最大限度地发挥正能量，并努力探索一条适合本国国情的新兴媒体发展之路，使新兴媒体建设和发展有利于国家整体经济建设，推动国家经济和社会的全面进步。

◎两个关注点："新"和"兴"

新兴媒体首先强调的是"新"。新媒体是近年热兴的一个概念，主要指在时间和形态上区别于报纸、广播、电视等"旧"媒体的所有新媒介形式。以新一代信息技术作为源动力的新兴媒体不断推陈出新，其形态与应用日新月异，"新"已经成为媒体发展的一种常态。新兴媒体在技术特征、传播形态、发展模式、产业格局和社会影响等方面都与传统媒体有着本质的区别。在认识、建设、运用、规范新媒体方面，要有一种完全不同于传统媒体时代的思路。

新兴媒体更为突出的是“兴”。在这样一个变革性极强的新媒体时代，新兴媒体因为发展快而“兴”，因为“兴”而深刻影响着社会。新兴媒体不仅在形态发展和功能拓展方面大大超越了传统媒体，在属性上也完全突破了人们所认识的作为新闻信息载体和通讯工具的互联网、手机等“传统”新媒体，无所不在的新兴媒体已经辐射、渗透至社会各个领域。新兴媒体为何“兴”，如何“兴”，“兴”向何处？新兴媒体之“兴”很值得关注。

新兴媒体时代是一个不可阻挡的潮流，也会带来前所未有的社会变革。对于中国乃至世界而言，发展新兴媒体既有机遇，也将引发挑战。我们要努力更新观念，充分认识新兴媒体之“新”，并尽快顺应新兴媒体之“兴”，让新兴媒体真正为“我”所用，成为国家民族兴旺之源。

2012年，中国新兴媒体的基本特征和崛起之势主要表现在以下六个方面：

1. 新兴媒体的战略地位日益凸显，中国成为世界新兴媒体大国

新世纪以来，新兴媒体及其相关技术产业在国家发展战略中的重要性日益凸显。

2012年5月，国务院召开常务会议研究部署推进信息化发展、保障信息安全工作。会议指出，世界各国信息化快速发展，信息技术的研发和应用正在催生出新的经济增长点，以互联网为代表的信息技术在全球范围内带来了日益广泛而深刻的影响。加快推进信息化建设，建立健全信息安全保障体系，

对于调整我国经济结构，转变发展方式，保障和改善民生，维护国家安全，具有重大意义。

○新一代信息技术产业成为国家战略性新兴产业

2012年7月，国务院印发《“十二五”国家战略性新兴产业发展规划》，指出在“十二五”期间，我国要“深入贯彻落实科学发展观，把握世界新科技革命和产业革命的历史机遇，面向经济社会发展的重大需求，以改革创新为动力，以营造良好的产业发展环境为重点，以企业为主体，以工程为依托，加强规划引导，加大政策扶持，着力提升自主创新能力，加速科技成果产业化，推动战略性新兴产业快速健康发展，抢占经济科技竞争制高点，促进产业结构升级、经济发展方式转变和经济社会可持续发展”。新一代信息技术产业成为“十二五”期间我国战略性新兴产业的重要内容之一。《规划》提出要“把握信息技术升级换代和产业融合发展机遇，加快建设宽带、融合、安全、泛在的下一代信息网络，突破超高速光纤与无线通信、物联网、云计算、数字虚拟、先进半导体和新型显示等新一代信息技术，推进信息技术创新、新兴应用拓展和网络建设的互动结合，创新产业组织模式，提高新型装备保障水平，培育新兴服务业态,增强国际竞争能力，带动我国信息产业实现由大到强的转变”。

多个部门根据“十二五”规划和《“十二五”国家战略性新兴产业发展规划》相继制定出关于移动通信、下一代互联网、三网融合、物联网、云计算等技术产业发展规划。

○中国互联网行业拥有了第一个专题五年规划

2012年5月，工业和信息化部发布《互联网行业“十二五”发展规划》，中国互联网行业拥有了第一个专题五年规划。《规划》明确了“对经济社会贡献持续提高、互联网应用服务普及提升、接入能力实现跃升、网络设施升级优化、互联网产业迈上新台阶、市场竞争环境诚信有序、发展保障能力显著增强”等七大发展目标，提出“创新应用体系、服务两化融合、建设‘宽带中国’、推进整体布局、突破关键技术、加强顶层设计、完善监管体系、健全制度手段、加强体系建设”等九大任务。为保障任务的完成和目标的实现，《规划》还制定了“完善保障互联网健康发展的行业管理法律制度、加强互联网管理制度和管理能力建设、建立互联网健康发展的引导机制、加强互联网基础设施建设的政策支持、推动完善互联网发展的财税金融与知识产权政策、培育和扶持互联网中小企业成长、加强互联网专业人才体系建设、推动完善互联网国际治理机制”等八大措施。“十二五”期间，我国互联网将从网络、市场、技术环境等方面实现产业的全面升级，从而更好地服务于经济发展和社会民生。

○中国成为世界新兴媒体第一大国

中国新兴媒体的壮大和勃兴与国家发展战略密切相关。自1994年开通国际互联网以来，党和政府高度重视互联网、移动通信、信息产业等与新兴媒体相关领域的发展，中国已成为世界新媒体发展最快的国家。

根据中国互联网络信息中心(CNNIC)公布的统计数据，截至2010年12月底，我国网民规模达到4.57亿，较2009年底增加7330万人，手机网民规模达3.03亿。截至2011年12月底，我国网民规模达到5.13亿，全年新增网民5580万，互联网普及率同比提升4个百分点，达到38.3%，手机网民规模达到3.56亿，同比增长17.5%。截至2012年12月底，我国网民规模达到5.64亿，手机网民数量为4.2亿，年增长率达18%，手机网络各项指标增长速度全面超越传统网络。

表一：2010年—2012年我国互联网网民规模和手机网民规模增长示意图（单位：亿）

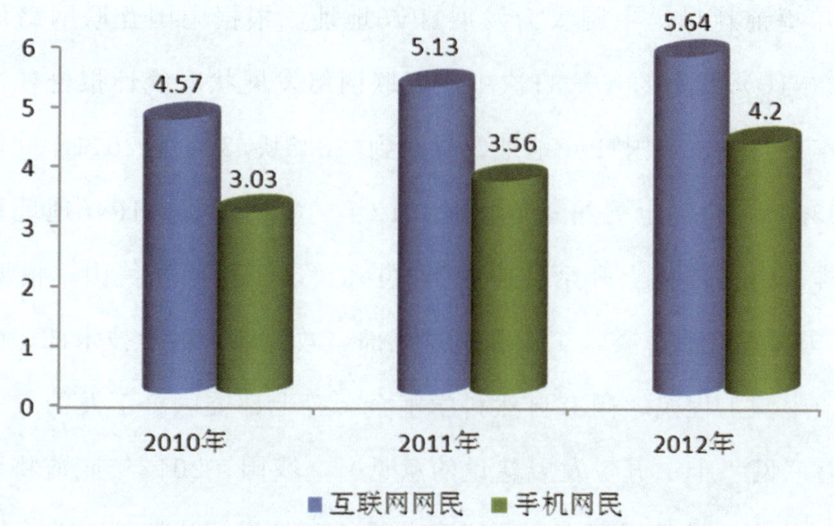

数据来源：中国互联网络信息中心（CNNIC）

在2013年，中国互联网普及率已超过42%，网民达到6亿指日可待。中国手机用户已突破11亿户，平均每10人拥有8部手机。中国俨然已是名副其实的世界新兴媒体用户第一大国。

从2000年至今，基于网络信息技术的新兴媒体在全球快速发展。据国际电信联盟统计，截至2012年6月，全球网民人数达到24.06亿，比2000年的3.6亿人增长了近5.7倍。中国在2000年底仅有2250万网民，短短12年间中国网民数量增长超过23倍，增长速度是全球平均增速的4倍，不仅快于发达国家，也超过其他发展中国家。中国手机用户数量在2000年底达到8453万户，到2012年增长超过12倍。

此外，中国在新兴媒体技术和基础设施方面也发展迅猛。尤其是“宽带中国”、“智慧城市”等战略工程的启动实施，使中国互联网的基础设施建设得到进一步加强。以IPv6地址为例，由于全球IPv4地址于2011年提前耗尽，中国大力发展IPv6地址。根据中国互联网络信息中心（CNNIC）发布的《第31次中国互联网络发展状况统计报告》，截至2012年12月底，我国IPv6地址数量达到12535块/32，较2011年同期大幅增长33.4%，位列世界第三位。在2012年一年内，我国IPv6地址数量的全球排名由第15位上升至目前的第3位，仅次于巴西和美国。根据2012年3月国家发展改革委、工业和信息化部、教育部、科学技术部、中国科学院、中国工程院、国家自然科学基金会等七部委联合下发的《关于下一代互联网“十二五”发展建设的意见》，我国在2013年底前将逐步开展IPv6的小规模商用试点，形成商业模式和技术演进路线，为全面部署IPv6作准备。充沛的地址资源是这一过程得以顺利实施的基础。IPv6网络基础设施的发展，有利于中国在下一代互联网应用上争取更多的技术话语权，并能加速物联网应用。

2012年9月18日，国务院新闻办公室主任、国家互联网信息办公室主任王晨在新兴国家互联网圆桌会议开幕式上指出，中国政府始终把互联网作为促进社会经济发展、加快改革开放进程的重要力量，正积极为互联网的持续发展创造良好的法制、政策和市场环境。迄今为止，中国政府已投入近1万亿美元建设互联网基础设施，这是改革开放以来中国政府投资数额最多、推进力度最大的领域之一。

从全球范围来看，中国的新兴媒体在起始时间上不仅晚于发达国家，甚至还迟于一些发展中国家。但仅用了短短十几年，经过“超常规”的发展，中国已经拥有世界最庞大的新兴媒体用户和最开放最活跃的新兴媒体市场，成为当之无愧的世界新兴媒体大国，这是国家发展战略大力支持的结果。

2. 技术自主创新水平大幅提升，中国迈向世界新兴媒体强国

2012年，中国新兴媒体不仅在数量上表现出强劲的发展态势，在质上也取得了突破性进展，尤其是技术自主创新能力的提升，为中国起步走向新兴媒体强国提供了动力保障。

作为当今世界最活跃和最重要的领域之一，新兴媒体对于政治、经济、文化、社会发展影响巨大。当前发达国家和不少发展中国家都在加力发展新兴媒体，新兴媒体成为各国竞相争夺的战略制高点。因此，中国不仅要成为新兴媒体大国，还要走向新兴媒体强国。新一代信息技术是新兴媒体发展的源动力，技术的创新和主导能力决定着一个国家新兴媒体发展的水平，是新兴媒体崛起的核心要素。

○TD-LTE—Advanced：中国4G成为国际标准

近几年来，我国在新一代信息技术的自主创新方面已取得明显进展。2012年，我国具有自主知识产权的TD-LTE-Advanced通过国际电信联盟正式审议成为4G国际标准，中国已经站在了4G发展的前沿。

○北斗：中国自己的卫星导航系统

随着北斗第16颗卫星成功发射，我国自行研制的全球卫星定位与通信系统将于2013年正式投入商用。北斗卫星导航系统将衍生出惊人的卫星定位产业，中国将彻底摆脱对美国GPS的依赖。

以4G和卫星导航系统为代表的技术进展，体现了近年来我国在新一代信息技术领域的自主创新能力和标准主导能力的提高。

○ 浪潮天梭K1系统：中国高端服务器打破国外技术垄断

2013年1月22日，科技部、银监会和浪潮集团在京联合宣布：我国第一台基于自主核心技术的关键应用主机产品浪潮天梭K1系统研制成功并正式上市。这标志着我国成为继美国、日本之后第三个掌握该技术的国家，我国信息化建设自主可控战略完成了关键布局，打破了信息网络核心装备受制于人的局面。

○中国新兴媒体发展关键技术取得一系列突破

实际上，近年来我国高度重视新一代信息技术领域的技术创新，已在千万亿次高效能计算机、高端容错计算机、网络计算平台软件技术、

PB(Petabyte)级海量存储系统与数据处理技术等方面积累了一批技术成果。2012年9月11日，“十一五”国家“863”计划“高效能计算机及网格服务环境”重大项目——“神威蓝光千万亿次高效能计算机系统”通过科技部专家组验收。“神威蓝光千万亿次高效能计算机系统”共8704个CPU，全部采用自主设计生产的神威1600处理器，整个系统的峰值运算速度为1.07千万亿次。“神威蓝光”在高密度组装技术、全系统水冷技术等方面达到世界先进水平。这标志着我国已成为继美国、日本之后第三个能够采用自主CPU构建千万亿次计算机的国家。此外，被评为2012年信息产业重大技术发明的“虎符TePA网络安全国际标准关键技术及其应用”、“下一代互联网 4over6过渡技术及其应用”、“基于移动终端可广泛易嵌入微浏览器——UCWEB”等都是新兴媒体发展的关键技术。

这些技术成果的公布表明中国新兴媒体在核心技术方面已初步具备自主创新能力。我们简单模仿、借鉴西方的时代已经一去不复返，新兴媒体的“中国创新”时代已经到来，中国在起步迈向世界新兴媒体强国。

3. 产业进一步拓展，中国新兴媒体企业向世界进军

2012年12月初，习近平同志就任总书记后在深圳参观考察腾讯公司时指出，现在人类已进入互联网时代这样一个历史阶段，这是一个世界潮流，而且这个互联网时代对人类的生活、生产、生产力的发展都具有很大的进步推动作用。他勉励中国互联网企业要为民族互联网产业走向世界贡献力量。

产业是新兴媒体的具体依托。新兴媒体的产业性很强，无论是硬件业、软件业还是信息服务业的发展，都离不开具体的企业。新兴媒体产业是新兴媒体经济、政治、文化、社会服务功能的实际承载者。没有强大的新兴媒体产业，就不可能有新兴媒体的崛起。

从某种意义上说，正是苹果、微软等企业造就了美国强大的新兴媒体实力。2012年8月苹果公司市值达到6325亿美元，已经相当于2011年全球排名第20位的沙特阿拉伯一个国家的国民生产总值。

○中国新兴媒体产业蓬勃发展

2012年，随着新兴媒体的普及，尤其是移动互联网和智能手机的大众化，中国新兴媒体在产业格局方面不断拓展。首先，从互联网行业到通信业，从硬件业、软件业到信息服务业，从终端、通信设备到内容提供，整个行业布局日趋优化；其次，新兴媒体产业在向社会其他领域快速延伸，带动了很多其他行业的发展。例如，网络购物的迅猛增长促进了快递业的飞速发展；再次，新兴媒体产业准入门槛低。在大企业之外，许多中小企业蓬勃发展。中国企业竞争环境相对开放而活跃。

○新闻网站加快上市步伐

值得一提的是，中国主流新闻网站在2012年也加快了改制上市步伐。中国主流媒体正在由传统媒体转向新兴媒体，部分由事业体制转向企业体制，由提供内容转向提供产品和服务，可谓顺新兴媒体发展大势而为。

○新兴媒体成为国民经济的支柱性和先导性产业

中国新兴媒体产业发展加快。据中国国务院新闻办公室2010年6月8日发表的《中国互联网状况》白皮书，从1994年到2010年的16年间，中国信息产业年均增速超过26.6%，占国内生产总值的比重由不足1%增加到10%左右。信息产业快速发展，经济规模跃居全国工业之首，成为国民经济的支柱性和先导性产业。

新兴媒体产业领域的中国民族品牌，如中国移动、华为等正加快全球布局。华为公司宣布2012年实现销售收入超过350亿美元，净利润24亿美元左右，同比均有超过10%的增长。

尽管有些国家以各种理由在阻挠中国新兴媒体企业的海外收购，但“走出去”已经成为中国新兴媒体企业实力不断壮大的必然选择，其势头难以阻挡。

4. 百花齐放的新兴媒体应用，造就了具有中国特色的传播生态

中国拥有世界上最大的新兴媒体市场，也拥有最丰富和最具活力的新兴媒体应用。

根据中国互联网络信息中心(CNNIC)统计，截至2012年12月31日，我国互联网应用用户数量超过2亿的网络应用就有十几个之多。我国拥有4.67亿即时通信用户，4.51亿搜索引擎用户，4.35亿网络音乐用户，3.73亿博客用户，3.72亿网络视频用户，3.36亿网络游戏用户，3.09亿微博用户，2.75亿

社交网络用户，2.51亿电子邮件用户，2.42亿网络购物用户，2.33亿网络文学用户，2.21亿网上银行用户，2.21亿网上支付用户，以及1.50亿网络论坛用户。

表二：2011年—2012年我国网民对各类网络应用的使用率

	2012年		2011年		
应用	用户规模（万）	网民使用率	用户规模（万）	网民使用率	年增长率
即时通信	46775	82.9%	41510	80.9%	12.7%
搜索引擎	45110	80.0%	40740	79.4%	10.7%
网络音乐	43586	77.3%	38585	75.2%	13.0%
博客/个人空间	37299	66.1%	31864	62.1%	17.1%
网络视频	37183	65.9%	32531	63.4%	14.3%
网络游戏	33569	59.5%	32428	63.2%	3.5%
微博	30861	54.7%	24988	48.7%	23.5%
社交网站	27505	48.8%	24424	47.6%	12.6%
电子邮件	25080	44.5%	24578	47.9%	2.0%
网络购物	24202	42.9%	19395	37.8%	24.8%
网络文学	23344	41.4%	20268	39.5%	15.2%
网上银行	22148	39.3%	16624	32.4%	33.2%
网上支付	22065	39.1%	16676	32.5%	32.3%
论坛/BBS	14925	26.5%	14469	28.2%	3.2%
旅行预订	11167	19.8%	4207	8.2%	—
团购	8327	14.8%	6465	12.6%	28.8%
网络炒股	3423	6.1%	4002	7.8%	-14.5%

数据来源：中国互联网络信息中心（CNNIC）

随着网络社会化的发展态势加剧，中国新兴媒体的应用性不断加强，融合性日益增加，功能日益丰富多元化。一方面，当前与社会生活联系紧密的应用，如网络媒体、网络通信、移动社交、网络娱乐、电子政务、网络购物、电子支付类应用等不断丰富发展；另一方面，网络应用的专业性大大加强，专业信息服务与行业应用已成为互联网应用发展的重要趋势。

表三：2011年—2012年我国手机网民各类手机应用使用率

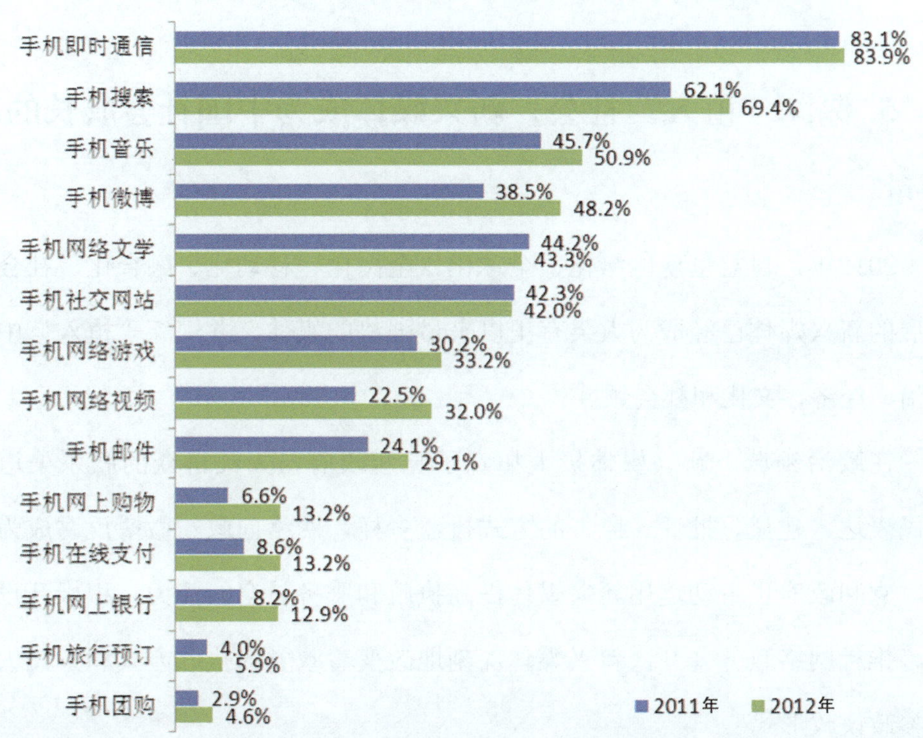

数据来源：CNNIC中国互联网络发展状况统计调查

顺应新兴媒体发展大势，基于宽带和移动网络与终端的新媒体应用发展很快。例如，在移动互联网的促推下，网络第一大应用——即时通信应用——持续快速增长，其中腾讯公司的微信推出仅两年就达到近3亿注册用户。此外，宽带的发展和三网融合极大地带动了网络音乐、网络视频、网络游戏等娱乐应用的增长。

百花齐放的新兴媒体应用，不仅极大地满足了中国公民日益高涨的信息获取、游戏娱乐、交流沟通、购物消费等方面的需求，也进一步推动新兴媒体成为中国的社会化、信息化平台，并形成了极具中国特色的传播生态。

5. 深深“植入”社会，新兴媒体成为中国社会成长的新力量

2012年，日益呈现网络化、全球化、全民化、移动化、融合化、社会化发展的新兴媒体已经成为人类有史以来最强势的媒体，并深深“植入”中国政治、经济、文化和社会领域。

在政治领域，新兴媒体极大拓宽了党和政府与人民群众的联系渠道，网民表达、建议、批评、监督的方式日益多样，网络问政、微博反腐成为热点，党和政府也主动运用新兴媒体提高执政和服务社会的能力，积极开设微博、推行网络政务公开，新兴媒体深刻地改变着政党的执政方式和人民大众的参政议政形式。

在经济领域，新兴媒体产业极为活跃，中国新媒体经济不断迈上新台阶。据工信部数据，2012年我国电子产品进出口总额达到11868亿美元。中国物联网产业市场初具规模，移动数据和互联网业务发展迅猛。网络广告在所有媒体中广告增长速度最高。预计“十二五”期间，我国互联网服务业收入年均增长将超过25%，突破6000亿元。

在社会文化方面，新媒体带来了崭新的生活方式和文化平台，给人们的

社会生活带来了方便，不断催生出新的网络文化。

在新闻舆论传播领域，移动化的新兴媒体，在传播理念、传播方式、传播内容上具有崭新的特征，在发展规模、传播功能等方面后来居上，呈现出融合和超越传统媒体之势。

功能不断拓展的新兴媒体与社会的融合趋于深化，已成为全面推动中国社会成长的新力量。

6. 挑战与机遇并存，发展与规范并重

新兴媒体是一把“双刃剑”，它在促进我国经济社会等方面发展的同时，也给我国经济、政治、文化、社会发展和国家安全、军事安全等诸多方面带来严峻的挑战。

2012年，由新兴媒体所引发的虚拟空间和现实社会的融合与冲突效应都在进一步凸显。新兴媒体是一个迅速发展起来的庞大的虚拟空间。据英国网络服务公司Netcraft统计，2001年，全球互联网站数量为3140万个。到2012年这一数字已经增长至6亿多个，平均每10个人就拥有一个网站。数量如此之巨的网站形成了庞大的虚拟空间，深刻影响着现实社会，也必然严重冲击着社会秩序。因此，当前世界上主要国家都在加强新兴媒体的治理。

中国新兴媒体发展速度快而相关法律法规建设相对滞后。我国拥有全球最庞大、最复杂和应用最丰富的新媒体传播空间。2012年网络谣言、网络诽谤、垃圾短信、公民个人信息安全等问题相对比较突出，加强互联网治理和

规范新兴媒体产业，成为我国新兴媒体发展中的重要内容，我国通过网络立法、部门监管、行业自律和网民自律等方式来加强新兴媒体治理，保障新兴媒体更为有序的发展，体现了建设与规范并重的思路。

整体而言，新兴媒体对于中国社会发展的作用，积极性高于消极性，正能量大于负影响。

建设国际一流的现代金融企业

中国工商银行通过持续努力和稳健发展，已经迈入世界领先大银行行列，成为全球市值最大、客户存款第一和盈利最多的上市银行，拥有优质的客户基础、多元的业务结构、强劲的创新能力和市场竞争力。该行业务跨越六大洲，境外网络扩展至 39 个国家和地区，通过 17,125 个境内机构、383 个境外机构和 1,771 个代理行以及网上银行、电话银行和自助银行等分销渠道，向 438 万公司客户和 3.93 亿个人客户提供广泛的金融产品和服务，基本形成了以商业银行为主体，综合化、国际化的经营格局，在商业银行业务领域保持国内市场领先地位。

经营概况

2012 年，面临复杂严峻的经营环境，该行立足于服务实体经济和满足客户金融需求，加快发展方式转变和经营转型，深化改革创新，持续改进服务，严格成本管理与控制，保持资产质量稳定，经营呈现稳中有进的良好态势。2012 年末，总资产 175,422.17 亿元，比上年末增加 20,653.49 亿元，增长 13.3%；2012 年末，总负债 164,137.58 亿元，比上年末增加 18,947.13 亿元，增长 13.0%。全年实现净利润 2,386.91 亿元，较上年增长 14.5%，继续稳居全球最盈利银行地位；平均总资产回报率和加权平均权益回报率分别为 1.45% 和 23.02%，处于全球银行业领先水平。

公司金融业务

2012 年，该行持续推进公司金融业务转型，不断优化经营结构，有效应对利率市场化进程，推动公司金融业务可持续发展。推行全产品营销与综合金融服务，推进商业银行与投资银行业务互动发展，满足客户多样化金融服务需求。加强产品创新，加快发展资产管理、委托管理、代客交易、承销与咨询、代理销售等金融资产服务业务。借助全球服务网络和境内外一体化科技平台，推广全球现金管理、跨境人民币业务，提升全球服务能力和品牌国际影响力，推进营销体系创新，实现客户差别化服务，提高重点客户营销服务水平，促进中小企业客户拓展，扩大客户基础。荣获《环球金融》“中国最佳本地公司银行”称号。2012 年末，该行公司客户 438 万户，比上年末增加 27 万户；有融资余额的公司客户 14.3 万户，比上年末增加 1.6 万户。根据人民银行数据，2012 年末，该行公司类贷款和公司存款余额保持同业第一，市场份额分别为 11.8%和 12.6%。

工行信贷支持的福州港罗源湾港区某作业区

个人金融业务

2012 年，面对激烈的同业竞争和利率市场化挑战，该行继续深入实施“强个金”战略，推进个人金融业务经营转型。围绕新市场、新客户，公私联动开展集群营销，开发商品交易市场，开拓社保、医疗和交通等民生领域。依托工银商友俱乐部和名人理财俱乐部，打造新型营销渠道，扩大业务规模。继续实施渠道优化建设，加大自助机具投入，拓宽商品交易市场和重点县域等地区服务渠道。围绕个人客户星级服务体系，强化营销服务团队建设，加速客户服务模式转型，提升优质客户识别与拓展能力。加大产品创新力度，提升个人金融业务竞争力，巩固储蓄存款、个人贷款、银行类理财和信用卡等业务同业领先地位。蝉联《亚洲银行家》“中国最佳大型零售银行”称号。

2012年末，该行个人客户3.93亿个，比上年末增加3,053万个，其中个人贷款客户779万个，增加40万个。根据人民银行数据，2012年末，该行储蓄存款和个人贷款余额均列同业首位，市场份额分别为16.3%和13.9%。

中小企业业务

贯彻国家支持中小企业发展的政策精神，致力于向中小企业客户提供专业、高效和便捷的金融服务。搭建独立的小企业信贷政策制度、业务流程和产品体系，配置专项信贷资源，全方位服务中小企业客户。实施专业化经营，小企业金融服务专营机构超过1,400家，拥有该行小企业信贷业务从业资格的员工达3.5万人。加快新产品应用，推广小企业周转贷款、网络循环贷款（网贷通）、标准厂房按揭贷款等专属融资产品，满足小企业客户差异化融资需求。围绕核心企业开展供应链融资业务，为专业市场、产业集群内的小微企业提供服务方案，扩展客户基础。加强贷款资金受托支付管理，严格控制小企业信贷风险，确保小企业信贷业务健康发展。荣获中国中小企业协会“优秀中小企业服务机构”称号。2012年末，境内中小（微）企业贷款余额42,312.03亿元，比上年末增长15.2%；其中，中型企业贷款23,911.27亿元，增长20.7%，小微企业贷款18,400.76亿元，增长8.9%。

工行北京分行开展小微企业金融服务宣传活动

银行卡业务

2012年，该行加强银行卡产品创新，提升银行卡服务品质，加快新市场拓展，进一步巩固同业领先地位。2012年末，该行银行卡发卡量4.7亿张，比上年末增加5,630万张。全年银行卡消费额41,314亿元，比上年增长29.0%；银行卡业务收入234.94亿元，增长36.1%。

信用卡业务方面，推进交通卡、公务卡、中油卡、公积金卡、航空商旅联名卡五种项目发卡，扩展发卡规模。加强集团商户营销，提升高营业额、高交易额、高收益商户占比，加快收单业务发展。把握新型消费产业发展趋势，巩固购车分期付款业务优势，发展家电、百货、教育、旅游和文化等消费信贷业务，满足居民消费融资需求，推动信用卡贷款业务可持续发展。围绕市场需求，创新推出工银多币种信用卡、工银闪酷卡、工银货币基金信用卡等产品，丰富信用卡产品线；境内首家推出工银运通百夫长黑金卡，满足客户个性化高端服务需求。完善短信银行服务内容，推出查询明细账单、查询交易明细、签订自动还款等业务。荣获美国《环球金融》“中国最佳信用卡银行”称号，信用卡服务荣获中国银行业协会颁发的“综合示范单位奖”和“优秀服务奖”。

借记卡业务方面，以发行联名借记卡为切入点，加强与重点行业合作和联动营销，拓展新客户，扩大发卡规模。加强芯片卡创新，推出境内首张单芯片借记卡、首张加载eID功能的芯片借记卡和首张贵金属主题借记卡等新产品，保持市场领先地位。加快芯片卡推广步伐，延伸芯片卡产品线，推动芯片卡发卡量迅猛增长。把握市场机会，开展多项刷卡促销活动，扩大刷卡消费额。2012年末，借记卡发卡量3.9亿张，比上年末增加4,982万张；年消费额28,288亿元，增长27.0%。

电子银行业务

坚持以客户为中心、以市场为导向，不断强化创新引领优势，加快面向新领域、新市场、新客户的渗透，加快境外业务拓展，进一步加强风险防控，确保电子银行业务规模、质量、效益协调快速发展。大力宣传“工银移动银行”品牌，着力拓展手机银行、电子商务等重点市场，品牌知名度日益提升，市场竞争优势持续巩固。2012年，电子银行交易额比上年增长17.2%，电子银行业务笔数占全行业务笔数比上年提高5个百分点至75.1%，渠道贡献显著增强。

网上银行方面，强化网上银行作为交易主渠道的地位，推出苹果电脑版、谷歌版以及安卓平板电脑等个人网银，实现对主流操作系统、浏览器、平板电脑的全面覆盖。荣获《环球金融》“中国最佳个人网上银行”、“中国最佳企业网上银行”称号。

电话银行方面，优化电话银行语音菜单，实现语音菜单简明化、身份验证简洁化、自助注册流程便捷化，电话银行自助语音服务更加清晰快捷，提升电话银行自助化水平。95588电话银行服务保持高水平，全年电话银行接听率保持在95%以上，20秒电话接听率保持在90%以上。

手机银行方面，快速响应移动金融服务新需求，推出移动生活客户端、移动在线客服、手机银行捐款和位置营销等新服务。推进手机银行精品工程建设，优化手机银行业务办理流程，简化操作步骤，使手机银行操作更加符合客户日常使用习惯，提升手机银行客户体验。2012年末，手机银行客户数量比上年末增长 54.5%，全年交易额增长近 16 倍。

自助银行方面，加快自助设备布放速度，选择商品交易市场、重点县域等新兴地区延伸服务渠道。通过简化自助终端交易流程，扩充业务种类，合理定价，加强自助设备业务功能宣传和柜面业务分流引导，提高自助设备使用效率和柜面分流率。2012 年末，拥有自助银行 17,437 家，比上年末增长 26.6%；自动柜员机可用设备 70,202 台，增长 18.7%。自动柜员机交易额 66,052 亿元，增长 35.8%。

服务提升

2012 年，该行积极推动“满意在工行”主题活动，实施标本兼治的服务改进策略，以改进窗口服务为重点，以解决突出问题为突破口，以构建长效工作机制为保障，全面推动服务改进，全行服务面貌大幅提升，客户体验不断优化。

客户服务渠道进一步拓宽，客户服务更加便捷。通过新建增设、迁址重装、优化调整等形式，网点布局更加优化。该行进一步加强营业网点无障碍设施建设，完善员工助残服务规范；进一步加大自助设备布放力度和加强运营维护，推广自助发卡机等新型设备，自助服务对客户的友好性和吸引力进一步提高，全年通过自助渠道完成的交易占全部交易的比例提高到 75%。在“2012 年中国银行业文明规范服务示范单位”评选活动中，该行有 116 家网点入选千佳名单，入选网点数量连续三年居同业首位。

业务流程更加优化，业务办理更加顺畅。该行将业务流程综合改造和优化作为提升网点服务效率的一项治本工程来推进，积极实施跨部门、跨机构、跨平台、跨业务的流程改造和优化。基层行反映强烈、严重影响客户和柜员体验的533项紧迫性问题全面解决，客户体验明显改善。业务集中处理改革继续深化，该行柜面对公非现金业务集中处理比例达到97%，业务集约运营成效进一步显现，业务运营和服务支持水平进一步提高。

服务改进长效机制渐趋完善，服务质量监测更加及时高效。结合现代金融服务的新要求和客户需求的新变化，该行加强服务制度体系建设，构建涵盖服务标准、监督检查、考核评价等方面的服务工作制度框架，为客户服务改进打下坚实的制度基础。该行进一步加强营业网点服务规范落实情况的监督监测，组织开展营业网点服务非现场检查活动，推广应用营业网点服务质量监测评价系统和排队管理系统，开展个人客户满意度第三方调查工作，发掘全行客户满意度状况以及影响客户满意度的主要因素，为客户服务改进提供数据支撑，夯实服务工作的基础。

工行积极开展网点柜员业务技能竞赛，提升业务服务能力和效率

境内分支机构

2012年，该行继续以客户服务为中心，加大渠道优化工作力度。在发展迅速的城市新区和新兴城区合理拓展渠道网络，全年新增投入运营网点433家。加强对营业面积小、从业人员少、产出效能低的网点改造，完成547家低效网点的优化调整，有效扩充网点服务能力。注重加强物理网点与自助银行统筹配置，新

建离行式自助银行1,777家，提升自助渠道服务水平。

2012年末，该行在境内拥有17,125个机构，包括总行、31个一级分行、5个直属分行、26个一级分行营业部、400个二级分行、3,069个一级支行、13,520个基层营业网点、34个总行直属机构及其分支机构以及39个主要控股公司及其分支机构。

国际化经营

工行全球机构网络

2012年，该行积极稳妥地推进国际化、综合化经营战略，紧密服务中国对外贸易和投资进程。在全球服务网络基本建成基础上，持续完善境外机构网络布局，进一步丰富和完善综合化服务体系，国际化综合化子公司对集团盈利贡献和战略协同作用日益提升。通过强化境内外联动、信息系统全球一体化延伸，推进全球产品线向纵深发展。坚持一体化与差异化兼顾的“一行一策”发展措施，完善考核激励机制与授权授信管理，境外机构经营能力持续增强。不断增强跨境、跨市场、跨产品线风险防控，提升集团并表风险管理能力。积极推动集团薪酬管理体系建设，加强国际化人才培养储备。

2012年末，该行在39个国家和地区设立了383个境外分支机构，与138个国家和地区的1,630个境外银行建立了代理行关系，形成覆盖亚、非、拉、欧、美、澳六大洲的全球服务网络。

履行社会责任

该行坚持“工于至诚，行以致远”的价值观，不断完善“价值银行、品牌银行、绿色银行、诚信银行、和谐银行、爱心银行”社会责任体系。该行始终坚持服务于实体经济发展，进一步加大对中小企业的金融服务力度，强化重点涉农机构的信贷资源倾斜配置力度，在支持实体经济健康、可持续发展中彰显大银行应有的责任和价值；该行以创建金融服务最佳银行和人民群众满意银行为目标，以创新为动力不断完善服务渠道和方式，不断改善客户体验；该行不断加强绿色信贷制度建设，充分依托科技领先优势，构筑绿色渠道，推广电子银行业务，倡导绿色办公，积极投身环保公益，以切实行动保护生态环境；该行致力消费者权益保护，强化投资者关系管理，积极履行反金融犯罪义务，以“诚信”赢得客户信赖、取得股东认可、获得社会尊重；该行积极构建和完善和谐的劳动关系，切实保障员工合法权益，重视员工民主管理，关注员工职业成长，致力员工人文关怀，注重民族团结和文化融合，努力实现员工与企业的共同成长；该行饮水思源，热忱反哺社会，积极投身赈灾扶贫、文化教育、社区服务等社会公益事业，努力做优秀的企业公民。

2012年，该行在履行社会责任方面的良好表现赢得了社会各界的广泛认可，先后荣获“最具社会责任金融机构奖”、“最佳公益慈善贡献奖”、“最具责任感企业”等多项大奖，再次入选香港恒生可持续发展企业指数成份股，并在国内商业银行中率先加入联合国“全球契约”。

工行开展“我的一亩责任田”环保活动

未来展望

2013年，中国经济有望保持平稳较快发展态势，经济结构调整和金融深化改革将继续取得重要进展，工商银行将继续深入贯彻实施三年规划相关部署，进一步解放思想、凝聚力量，在深化改革创新中加快转变发展方式，不断增强发展的稳健性、协调性和可持续性。具体而言，将围绕以下几方面展开工作：第一，大力推进业务转型升级。持续深入调整信贷结构，进一步形成资本占用低、资产质量优、综合收益好、可持续性强的信贷发展格局，确保信贷资产质量健康稳定；全面推动个人和公司金融业务转型升级，推动金融资产服务业务快速崛起，做优做强金融市场业务，不断扩大市场空间，夯实可持续的盈利能力。第二，积极稳妥地推进国际化和综合化经营。继续探索境外机构差异化、本土化发展模式，积极推进全球重点产品线发展，加大对境外机构指导力度，增强境外机构综合实力和同业竞争力；以集团整体发展战略为中心，统筹综合化业务条线布局和牌照设置，进一步增强本行跨市场服务能力。第三，努力提升服务水平，不断提高服务品质。积极推动产品创新和流程优化，探索改进对中小企业、三农产业和消费领域的金融服务，加大对经济薄弱领域的支持力度，不断增强服务实体经济的能力；以信息科技技术为依托，继续完善营销、交易和服务体系，为客户营造互动共享的应用新体验。第四，持续推进经营管理改革和集团治理体系建设。实施以资本管理为主线的资源配置和业务发展战略，优化集团资源配置格局，持续推进流程优化和业务集中运营，提高集团整体运作效率。

二、技术与设施发展：中国新兴媒体崛起的动力与基石

二、技术与设施发展：中国新兴媒体崛起的动力与基石

新兴媒体基于互联网、通信网和广播电视网，以信息技术、数字技术和网络技术为主导。技术可以说是新兴媒体崛起的“软实力”，网络基础设施则是新兴媒体发展的“硬实力”。新兴媒体之“兴”，主要得益于网络的快速发展与信息技术的不断推陈出新。

当前网络的发展趋势是由传统网络转向移动网络，由跨网走向融合，由信息服务走向深度社会应用。在大势的趋引下，4G、三网融合、云计算、大数据、物联网、3D打印等技术成为各国竞争的重点领域。

2012年，中国新兴媒体无论在“软实力”还是在“硬实力”方面都有比较大的进步，这为中国走向新兴媒体强国在储蓄动力和奠定基石。

1. 从3G到4G，中国新兴媒体网络化升级提速

○3G规模化发展

网络是新兴媒体发展的基础。对于新兴媒体而言，新世纪以来是一个网络快速升级的时代，从2G走入3G，再从3G加速迈向4G，各国在技术与标准的激烈竞争中不断推动网络“改朝换代”。

G是英文Generation的缩写，一般是指移动通信技术。由于3G支持了WAP和WEB网的融合，自2000年5月国际电信联盟正式公布第三代移动通信标准之

后，传统互联网与移动通信网加速向移动互联网融合，3G极大地推动了新兴媒体的发展。

据国际电信联盟统计，截至2011年底，2G网络在全球的覆盖人口比例已达到90%，而3G网络在全球的覆盖人口比例是45%。目前全球159个国家与经济体拥有3G服务，手机宽带活跃用户数量已经增长至12亿之多。

2011年全球2G和3G覆盖人口比例

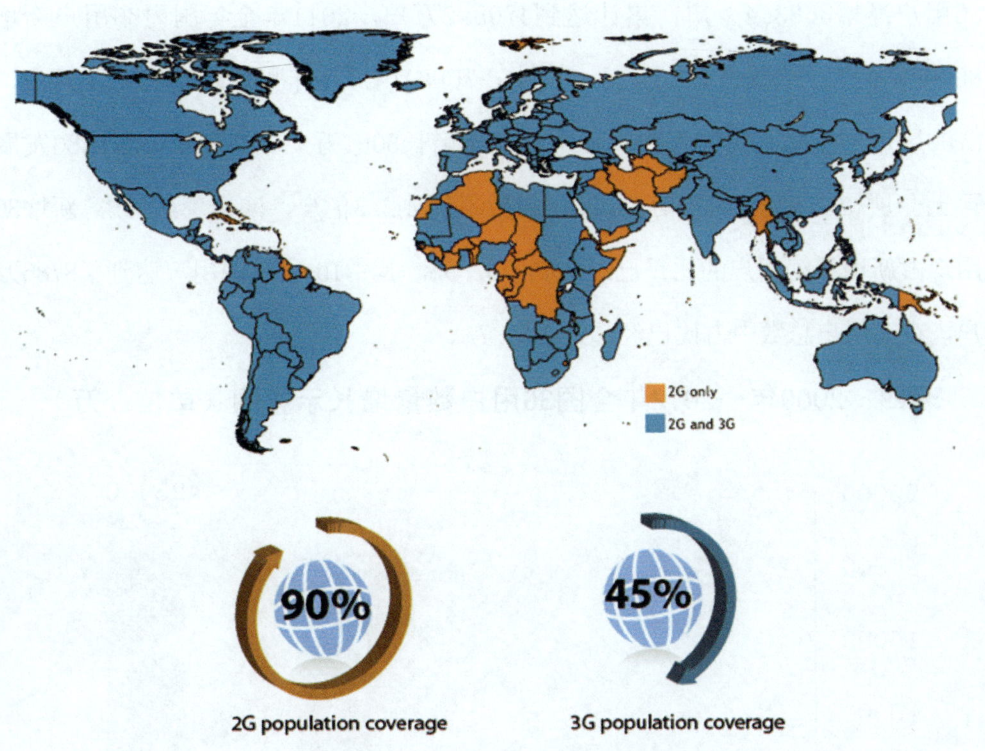

数据来源：国际电信联盟

在3G的发展上，中国的TD—SCDMA在2000年就正式成为国际三大主流技术之一。2008年12月国务院常务会议通过决议启动3G牌照发放工作，2009年我国进入3G时代。2011年，我国3G进入规模化发展阶段，3G用户超过1亿。中国电信、中国移动和中国联通三家基础电信企业共完成3G专用设施投资近1000亿元，3G基站规模达到80万个，其中TD基站超过22万个。3G网络已覆盖全国所有城市和县城以及部分乡镇。

据工业和信息化部发布的数据，2009年3G用户首超千万，中国移动号称3G用户数超过500万，中国联通公布的数字是274万，而中国电信也宣布其3G用户不少于500万。2010年，综合三家运营商近日公布的运营数据，全国3G用户净增3683.4万户，累计达到4705.2万户。2011年全年国内3G用户新增8046.9万户，达到近1.28亿户。其中，WCDMA用户全年累计增长2595.9万户，EVDO用户全年增长2400万户，TD用户全年增长3051万户。2012年，我国3G发展再上一层楼。截至2012年底，3G用户数量达到2.3亿户，渗透率达20%，新增3G用户占新增移动用户的比重已经达到了82.9%，其中TD—SCDMA用户达到了8786万户，在3G用户总数中占比已经超过了37.7%。

表四：2009年—2012年全国3G用户数量增长示意图（单位：万）

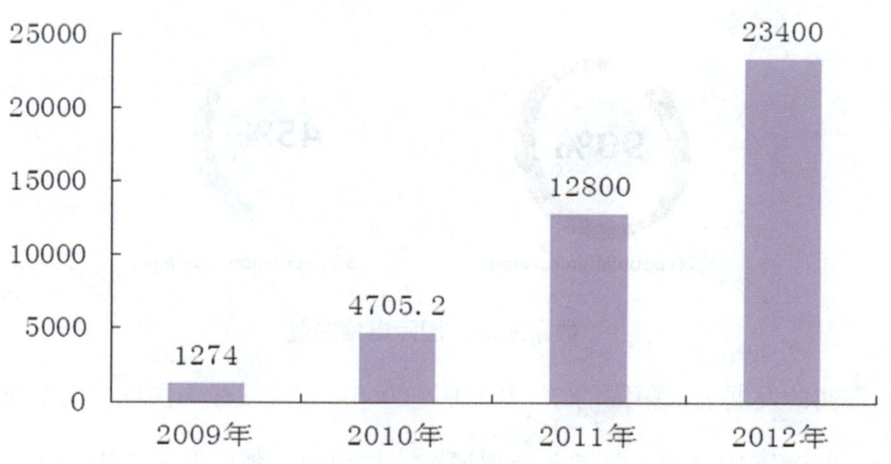

数据来源：工业和信息化部以及中国移动、中国联通和中国电信

依据社会科学文献出版社发布的信息化蓝皮书《中国信息化形势分析与预测（2010）》，2009年我国共建设3G基站32.5万个，网络覆盖全国342个地市、2055个县（市）和6000多个乡镇，开创了全球电信发展史上建设规模最大、速度最快的新纪录。

截至2010年底，我国3G基站总数达到60万个。根据工信部公布的数据，截至2011年底，我国3G基站总数达到81.4万个，TD基站达到22万个，中国电信和中国联通的3G基站分别达到26.95万个和32.45万个。而到2012年底，我国3G基站总数已达到约104万个，其中TD基站总数超过28万个。3G业务在中国的发展已经进入快速通道。

表五：2009年—2012年全国3G基站增加数量对比图（单位：万个）

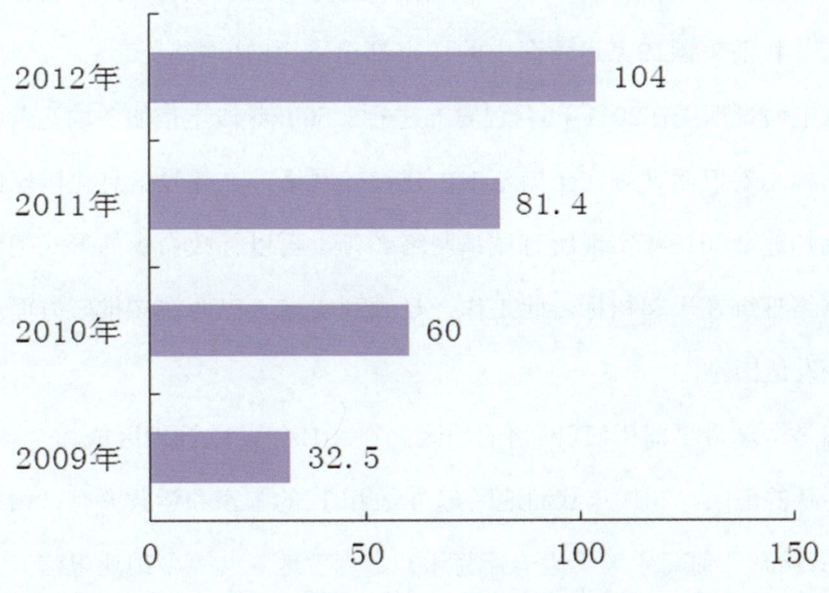

数据来源：工业和信息化部

2013年，我国3G将进入大规模商用发展阶段。

○中国站在4G前沿

第四代移动通信及其技术简称为4G，具有通信速度更快、网络频谱更宽、通信更加灵活、智能性更高、兼容性更平滑等优势。4G是未来几年的网络发展大趋势，不仅美国、英国等发达国家已经启动4G，巴西、印度、马来西亚等发展中国家也正在大力发展4G，以在全球竞争中掌握主导权。

在3G走向商用的同时，欧盟、日本、韩国都启动了4G相关计划，三星、西门子、摩托罗拉等企业以及一些运营商早已在着力研发4G网络。

据国外科技媒体Light Reading不完全统计，虽然美国并不是最早推出LTE的国家，但在Verizon、AT&T、MetroPCS、Sprint等运营商的大力推动下，现在美国已经是全球LTE覆盖面最广、设备和用户最多的国家。2011年被称为美国通信行业的4G年，除了开始布建3个LTE网络，4G服务也在美国大力推广。目前美国19家运营商中的13家都已采用LTE网络。

巴西电信管理局在2011年4月已宣布进行2.5GHz频段电信服务的运营招标工作。这标志着巴西计划在全国范围内建设4G网络，在建设信息化国家的道路上开始加速，2019年实现所有城镇网络4G化，再以行政命令的形式把农村网和4G网络捆绑在一起招标。此工作一旦顺利实施，巴西在4G推广方面就能领先不少发达国家。

欧洲是全球最早商用LTE网络的地区。在2012年，欧洲地区成为全球LTE发展最活跃的地区。2012年欧洲地区宣布商用LTE的国家和运营商有：匈牙利（T—Mobile）、葡萄牙（沃达丰葡萄牙）、克罗地亚（克罗地亚电信）、俄罗斯（MegaFon）、荷兰（KPN、Tele2荷兰）、葡萄牙（葡萄牙电信）、斯洛文尼亚（Si.Mobil）、俄罗斯（MTS）、丹麦（Hi3G）、挪威电信(Telenor本土商用)、英国(Everything Everywhere)、意大利（意大利电信）、比利时（Belgacom)、希腊（Cosmote）、罗马尼亚（沃达丰罗马尼亚）、法国（法国电信Orange，本土商用)、爱沙尼亚（Tele2爱沙尼亚）、瑞士（瑞士电信）、罗马尼亚（罗马尼亚Orange）、Yota(分别在俄罗斯和莫斯科商用)以及电讯盈科在伦敦宣布商用LTE等。

2012年8月，英国电信局向EE公司颁发了英国首个4G网络执照。英国首个第四代移动通信(4G)网络从2012年10月30日开始运行，第一批信号覆盖区域涵盖伦敦等11个大城市。网络运营商EE当天宣布，在英国伦敦、曼彻斯特、伯明翰、爱丁堡和加的夫等11个大城市启动4G服务，今后该公司的4G网络将以每个月增加2000平方英里(约合5120平方公里)覆盖面积的速度增长。英国EE公司首席执行官奥拉夫·斯瓦提在一份声明中说，这不仅对该公司是一个里程碑，对英国的移动通信产业、整个国家的商业和消费者也都有重要意义。

俄罗斯通信部部长尼古拉·尼基福罗夫称，到2012年年底，俄罗斯计划在41个城市部署LTE网络，届时将有超过3800万人（约占总人口的27%）能通过4G连接高速互联网。尼基福罗夫表示，“宽带互联网接入的发展是俄罗斯的一项重要任务，每一个公民都应该享受到现代电信服务。解决数字不平等的问题具有重要的战略意义，因为宽带连接率每上升10%就能使GDP增加1.38%，特别是通过提高劳动生产率的方式”。

亚洲的日韩两国是2012年LTE发展中最抢眼的两个国家。在韩国法院批准韩国电信(KT)关闭其2GCDMA网络，从而将1.8GHz频段腾出用于4G业务后，2012年1月3日，KT正式宣布推出商用LTE服务，由此开始了这家韩国第二大移动运营商追赶其本土竞争对手的步伐。目前KT的LTE用户数已超过200万。数据显示，截至2012年10月底，韩国的LTE用户数已经超过1000万，预计至2012年年底韩国LTE用户将达到1600万。其中SK电讯在2012年7月份已经完成了覆盖韩国99%人口的LTE网络部署，至2012年12月，其LTE用户数已经超过700万，成功实现了设定的年终目标。目前，SK电讯的LTE用户数量在其移动用户总数中占26%。截至2012年11月，韩国第三大移动运营商LG Uplus的LTE用户数已超过330万。

2012年2月，日本第三大移动运营商软银宣布商用TD-LTE网络。在此之前，日本其他两大运营商NTT DoCoMo和KDDI均明确表示将加入LTE阵营。截至2012年9月，NTT DoCoMo的LTE用户已经超过600万。需要指出的是，已被软银收购的日本虚拟运营商eAccess也在2012年3月开始商用LTE服务。

印度第一大移动运营商巴帝电信(Bharti Airtel)于2012年4月在加尔各答正式商用TD-LTE网络。印度信实工业旗下移动运营公司Infotel Broadband Services也即将在孟买、德里和贾姆讷格尔三座城市部署TD-LTE试验网。印度固网宽带服务提供商Tikona Digital Network则计划在2013年推出TD-LTE商用服务。

2012年12月，马来西亚8家电信运营商获得4G频谱。预计在此后的3年内，马来西亚将建设5000个TD-LTE基站，将覆盖马来西亚全国人口的80%—90%。

新加坡StarHub、菲律宾Smart通信、老挝电信LTC均已在2012年宣布商用LTE服务。

在非洲，尽管3G渗透率仅为4%左右，但是一些非洲移动运营商已经开始部署4G网络的进程。在2012年，纳米比亚的MTC、安哥拉的Movicel和

Unitel、坦桑尼亚的Smile通信、南非的MTN和毛里求斯的Emtel都已在城市地区推出了商用LTE服务。尼日利亚GSM移动运营商之一Airtel Nigeria，以及埃塞俄比亚老牌运营商埃塞电信(Ethio Telecom)，都已宣布准备近期推出商用4GLTE服务。

据统计，截至2012年第三季度，全球LTE用户数达到3800万，其中美国用户占44%，韩国占29%，日本占14%。

2012年，中国在4G方面取得突破性进展。1月，在国际电信联盟2012年无线电通信全体会议上，由中国政府主导、大唐电信集团拥有核心基础专利的TD-LTE-Advanced成为4G国际两大标准之一。TD-LTE正式被确定为4G国际标准，标志着我国在新兴媒体领域的技术自主创新能力取得重大突破，中国移动通信标准首次与国外标准并驾齐驱，我国在移动通信标准这一行业的最高领域实现从“追赶”到“引领”的重大跨越，这将为4G产业的后续发展及走向世界提供重要基础。站在4G发展的前沿，我国向新兴媒体强国迈进了一大步。

在技术标准取得重大突破的同时，由于中国移动的大力推动以及跨国企业的积极参与，TD-LTE产业化进程也在明显加速。

2012年，中国移动全面启动4G网络建设。4月，杭州成为我国第一个开放4G体验网络的城市。12月，中国移动在成都的TD-LTE试验网揭牌，4G正式走入西部地区。目前，中国移动已在北京、上海、杭州、南京、广州、深圳、厦门、青岛、天津、沈阳、宁波、成都、福州等13座城市进行了TD-LTE试验网络，并建设了超过2万个TD-LTE基站，其中，浙江、广东等省的大城市实现城区成片连续覆盖。广州TD-LTE网络已经建成2200个站点，是全国试点城市中规模最大的TD-LTE网络。12月18日，中国移动在香港启动了TD-LTE网络商用，推出全球首个TD-LTE / LTEFDD融合网络，并与深圳实现4G信号互通，这个涵盖两大国际LTE标准的融合网络是通信行业的一大突破。

目前，TD-LTE已经形成了涵盖系统设备、终端芯片、测试仪表等较为完整的产业链。与此同时，TD-LTE在国际化方面取得了突破性进展。日本、沙特阿拉伯、巴西、波兰、印度、美国等国家的运营商已经开始或计划商用TD-LTE网络。截至2012年9月，全球共有11家运营商启动12个TD-LTE的商用网络，有17家运营商公布了明确的TD-LTE商用计划，共计24家运营商签署31个商用设备合同。2012年12月31日，根据全球移动供应商协会(GSA)发布的《全球LTETDD市场发展现状》报告显示，全球确定投资和正在测试TD-LTE网络的运营商达到38家，分布于大洋洲、欧洲、北美、亚洲、非洲、南美洲的23个国家。由中国移动牵头成立的“全球TD-LTE发展组织(GTI)”，目前已有40多个国际运营企业加入。

2. 宽带中国、移动互联网、三网融合，提升新兴媒体社会化水平

○“宽带中国”将上升为国家战略

近年来，我国已建成超大规模的互联网基础设施，网络通达所有城市和乡镇，形成了多个高性能骨干网互联互通、多种宽带接入的网络设施。

据工信部数据显示，“十一五”期间，我国固定宽带接入端口增长了近3倍，达到1.88亿个，3G网络覆盖大部分城市和乡镇；骨干网带宽超过30Tbps，互联网国际出入口带宽增长7倍超过1Tbps，骨干网络海外POP点达到

40个。然而，在网络基础设施大发展的同时，与发达国家相比，我国仍处于“低速宽带”阶段，“宽带不够宽，网速不够快”的状况与全球第二大经济体的地位并不匹配。

“发达国家都在大力发展宽带。例如，美国计划到2020年，在1亿个家庭中普及100兆宽带。欧盟计划在2020年前保证欧洲境内一半以上的居民可以享受到30兆的高速宽带服务。

2012年是我国宽带发展中具有里程碑意义的一年。

为提升网速、加快我国宽带发展，工业与信息化部重点实施了宽带普及提速工程，并与国家发展和改革委员会等部门联合研究“宽带中国”战略，出台了《宽带速率测试方法·固定宽带接入》和《宽带速率测试方法·用户上网体验》。

2012年4月，工业和信息化部出台《关于实施宽带普及提速工程的意见》，提出“创造政策环境，推动我国宽带基础设施水平的提升”。

2012年5月，国务院常务会议批准《“十二五”国家战略性新兴产业发展规划》，首次明确提出实施“宽带中国”，将其列为战略新兴产业二十项重大工程之一，要求到“十二五”末期城市和农村家庭分别实现20兆和4兆以上宽带接入能力。同时，要求IPv6实现规模商用，三网融合全面推广，电视数字化转换基本完成。

2012年7月，工信部联合11个部门宣布计划将“宽带中国”上升为国家战略。

“宽带中国战略”由工业和信息化部部长苗圩在2011年全国工业和信息化工作会议上提出，目的是为了加快我国宽带建设。2012年初，国务院领导批示，要加快“宽带中国战略”实施方案研究制定工作。而后国家发展和改革委员会、工业和信息化部会同财政部、科技部、住房城乡建设部、国资委、税务总局、国家广播电影电视总局（2013年3月，全国人大十二届一次全体会议通过决议，批准国务院将新闻出版总署、广电总局的职责整合，组建“国家新闻出版广电总局”）等八部门共同组织成立了“宽带中国战略”研究工作小组及专家组，联合研究起草“宽带中国战略”实施方案。

按照战略规划，“宽带中国”工程的主要内容包括：加快推进宽带光纤接入网络建设，推进第三代移动通信（3G）网络全面、深度覆盖，开展TD-LTE规模商用示范；实施下一代互联网商用推广，建立新型网络体系架构及配套技术试验床，形成完备的互联网技术标准，完善网络安全防护体系；全面实施广播电视数字化改造，积极推进三网融合；组织关键技术、装备、智能终端的研发及产业化。到2015年，宽带接入能力显著提高，95%的行政村具备宽带接入能力，相关装备和智能终端达到国际先进水平，全国县级（含）以上城市有线电视实现数字化，80%实现双向化，并基本完成数字地面电视覆盖。

2012年，我国宽带发展目标全面超额完成。截至2012年11月，我国宽带接入用户净增超过2400万户，比年度目标超出20%；4兆及以上用户比例达63%，比年度目标超出26%；新增FTTH覆盖家庭达4300万，大幅超过3500万既定目标。

目前，宽带中国战略研究小组正在起草《宽带中国战略实施方案》，参与制定宽带中国战略的部委也由此前的8个增加到12个。

光纤宽带业已经成为中国发展信息产业的迫切要求，中国提出的“宽带中国”战略对经济发展将起着不可估量的作用。随着“宽带中国”战略的实施，中国的网络基础环境得到进一步改善和提升。网速的提升不仅将会拉动

IT企业收入的增长，还将带动光纤制造、网络设备、计算机和家电等相关制造产业，形成很强的产业链延伸与带动效应，对于推动整个新兴媒体行业的发展是极其有利的。据工业与信息化部预计，2013年至2015年，我国光纤宽带投资将超过1500亿元。在2013年，我国基础电信业固定资产投资加上带动互联网企业的投资，总投入将超过5000亿元，对拉动内需和促进消费将起到不可替代的作用。

○移动互联网发展进入提速期

2012年，中国新兴媒体的移动化呈全面提速之势。智能手机功能日趋强大，“千元智能机”的出现大幅降低了移动智能终端的使用门槛，使得手机首次超越台式电脑成为了我国网民的第一大上网终端。

根据中国互联网络信息中心（CNNIC）的统计，我国手机网民规模在2012年超越使用台式电脑接入互联网的网民。截至2012年12月，我国手机网民规模已达到4.2亿，比2011年底增加约6440万人。网民中使用手机上网的人群占比由2011年底的69.3%提升至74.5%。中国开始进入移动互联网的普及年。

近几年，互联网移动化发展态势明显，其发展速度已经超过传统互联网。迄今为止，全球手机用户超过60亿，中国手机用户超过11亿，由于手机用户基数庞大，随着2G网络在全球的普及和3G乃至4G的快速推进，移动网络发展已进入提速期。

2008年至2011年，世界手机宽带用户数量每年增长超过45%。2011年被称为全球智能手机“统治元年”。美国市场研究公司Analyses发布的报告显示，2011年全球智能手机的出货量首次超过PC机。

据国际数据公司（IDC，International Data Corporation）统计，2012年，全球智能手机的总出货量达到7.126亿部，年增幅达到44.1%。特别是2012年第四季度，三星、苹果、华为、索尼、中兴位列全球智能手机市场前五位，中国手机厂商占据两个席位，这成为了国产手机发展的一个标志性事件。它足以说明，国产手机正在走向世界。实际上，在智能手机浪潮的推动下，国产手机无论是在硬件、产品价格还是品牌打造方面都取得了一定的成效，国产手机的不断崛起在国际市场上也引起了越来越多的关注。

智能手机成为了移动网络终端大众市场的主导，标志着新兴媒体发展已经进入移动时代。

○三网融合平稳推进

三网融合是现代信息技术融合发展的必然趋势。自2010年1月拉开序幕起，中国“三网融合”工作已进入第四个年头。按照国务院5号文件推动三网融合总体方案，我国三网融合工作分为两个阶段：2010年至2012年是三网融合试点阶段，加快培育市场主体，组建国家级有线电视网络公司，初步形成适度竞争的产业格局；2013年至2015年是三网融合推广阶段。

2012年既是国家“三网融合”试点阶段的收尾之年，也是“三网融合”提速的关键之年。2012年初，温家宝总理在十一届全国人大五次会议上作《政府工作报告》时表示，要“推动三网融合取得实质性进展”。

2012年中国三网融合工作呈现平稳推进之势。

2012年1月，三网融合第二阶段试点地区（城市）名单公布，42个城市入围。这42个城市包括：天津市、重庆市两个直辖市，作为计划单列市的浙江省宁波市，河北省石家庄市、山西省太原市、内蒙古自治区呼和浩特市等22个省会、首府城市。此外，还有分布在江苏、湖北和广东的17个城市；5月，工业和信息化部正式发布《通信业“十二五”发展规划》与《互联网行业“十二五”发展规划》，将逐步扩大三网融合试点广度和范围，推进广电、电信业务双向进入；9月，工业和信息化部开始向12个试点城市的广电企业发放业务许可，同意广电企业开展基于有线电视网的互联网接入业务、互联网数据传送增值业务、国内IP电话业务；10月，广电总局正式发文批复同意中国电信和中国联通从事互联网视听节目服务、IPTV传输服务和手机电视分发服务等3项业务的申请；11月，经确认，国务院已正式发文同意组建中国广播电视网络有限公司，由财政部出资，国家广播电影电视总局负责组建和代管。按照规划，公司成立后将整合全国有线电视网络为统一的市场主体，并赋予其宽带网络运营等业务资质，成为三网融合的推进主体；12月，湖南电广传媒股份有限公司旗下的湖南省有线电视网络股份有限公司和中国联通湖南分公司签署战略合作协议，共同拓展三网融合蓝海市场，成为三网融合试点末期发展提速的标志性事件。

3. 云计算、大数据，新兴媒体应用进一步拓展

随着信息技术突破和产业创新的发展，以云计算、大数据为代表的变革性技术创新正不断打破既有技术模式和产业体系，进一步拓展新兴媒体应用，引发新一轮新兴媒体产业革命。

○中国“云计算实践元年”

随着互联网的日益普及和网络数据量的高速增长，云计算应运而生，成为革命性的信息技术。云计算概念的产生和技术的发展，是新一代互联网的根本特征，标志着网络时代信息技术和应用服务模式的重大转向。

近几年，主要发达国家纷纷将信息产业作为战略布局的优先领域，特别围绕云计算及其产业发展，在政策、标准、政府应用等方面制定了长期发展战略，加强国家级云计算基础设施部署，为电子政务、医疗卫生、文化教育、社会保障、金融等领域的信息化发展提供技术保障。一些国际知名信息企业也把云计算作为引领下一轮信息技术创新的重要产业机遇，纷纷投入巨资开展技术研发和标准研究，以期在云计算领域占据主导地位。

2009年12月，韩国政府推出《云计算全面振兴计划》，希望在2014年前使韩国成为世界最高水准的云计算强国。该计划由韩国行政安全部、放送通信委员会、知识经济部等三个机构负责。韩国政府在2010年至2014年将为该计划进行总额6146亿韩元的投资，争取使韩国云计算市场的规模扩大四倍，达到2.5万亿韩元（约138亿人民币），同时树立了将韩国相关企业的全球市场占有率提高至10%的目标。韩国政府将率先引进并提供云计算服务，为云计算开创国内初期需求，在教育、气象与邮政业务领域应用云计算，进而引导企业采用云计算。

日本IT战略部于2009年就发布了“I-Japan战略2015”计划行动，项目包括建设大规模云计算基础设施以及支持政府运作所需的所有信息系统。2010年8月，日本又发布了《云计算与日本竞争力研究》报告，表示灾备技术设施建设改善制度及激励创新三方面推进云计算发展，希望在2020年前培育出超过40万亿日元的新市场。

2010年10月，德国联邦经济和技术部发布《云计算行动计划》，包括通过云计算示范项目挖掘创新和市场潜力、营造有利于云计算发展的创新环境、参与国际发展和标准制定、云计算的推广和普及等4个行动领域，旨在“大力发展云计算，支持云计算在德国中小企业的应用，消除云计算应用中遇到的技术、组织和法律问题”。

2011年2月，美国发布了《联邦云计算战略》白皮书。规定在所有联邦政府项目中云计算优先，预计在美国联邦政府年度800亿美元的IT项目预算中有25%可以采用云计算，并规定每个联邦机构至少拿出三项应用向云计算迁移。截至2012年年底，美国国防部、联邦政府、宇航局等均已推出自己的云计算计划。

2011年11月，英国政府宣布启动政府云服务，并投资6000万英镑建立公共云服务网络。英国财务部预计英国政府每年160亿英镑的IT预算中将有32亿英镑采用云计算。英国政府的目标是到2015年，至少有50%的政府公共部门的信息技术资源通过G—Cloud购买。2013年1月，英国政府宣布，将为13个研发项目拨款500万英镑，以应对阻碍云计算应用的商业和技术挑战。

2012年是“中国云计算实践元年”，是云计算在中国从技术理念转向具体实践的关键之年。政府在推动云计算发展层面有了实质性的动作，国家部委和地方政府相继出台了一些关于云计算的政策措施。2012年4月，工业和信息化部电信研究院发表《云计算白皮书》；5月，“中国云”产业发展国家级规划已获国务院批准。该规划包括“十二五”期间“中国云”产业的发展思路、重点任务、技术路线、支持体系等内容；7月，国务院印发的《“十二五”国家战略性新兴产业发展规划》将云计算工程纳入了新兴产业的20项重大工程；9月，科技部颁发了首个部级云计算规划《中国云科技发展“十二五”专项规划》，将云计算产业发展提升到了一个新高度。

各地政府在2012年积极推进云计算布局，国内现有云计算中心中政府主导建设的占比过半。截至2012年3月，国内已经宣布推出云计算规划的地方及城市已超过30个。北京发布了“祥云工程”，目标是到2015年北京市在云计算服务领域形成500亿元产业规模，由此带动云计算产业链形成2000亿元产值；成都制定了云计算应用与产业发展“十二五”规划纲要，提出到2015年将建成云服务、基础软硬件设备生产和云终端产品制造三大产业集群，产业规模达到3000亿元。北京、上海、深圳、杭州、成都、天津、济南、南京等近十多个城市成立了地方云计算联盟，组织当地重点企业联合进行云计算服务、政策等方面的探索，如北京的“中关村产业联盟”，成都的“成都云计算产业联盟”，深圳的“深圳市云计算产业协会”等等。

2012年3月，中国国际云计算博览会在重庆开幕。重庆作为我国重要的现代制造业基地和长江上游的经济中心，近年来积极发挥辐射带头作用，大力实施云端计划，在云计算发展方面作出了积极努力，目前已经形成了28万台服务器的应用规模。由中国电子学会主办的第四届中国云计算大会于2012年5月在北京国家会议中心举办。

部分城市还启动了以智慧城市、城市云为主要模式的城市整体云计算平台建设规划。

高校、科研院所积极投身于云计算相关基础技术研究工作中；国内电子信息领域的主流企业也积极投入到云计算研究、开发和商业实践中。2012年4月20日，由航空航天大学、宽带资本、百度、用友、中国联通、龙湖地产、TCL、联想、阿里巴巴、腾讯、北京大学共同发起的中国云产业联盟在北京成立。

2012年，国内各大IT厂商加紧云计算布局，有的企业甚至将云计算列为战略核心。中国移动、中国电信、中国联通三大运营商云应用部署升级，阿里云、盛大云、新浪云、百度云等公共云平台发展，腾讯、淘宝、奇虎360等互联网企业云开放平台兴起，微软和亚马逊等国外云计算服务商入华，加速了我国云计算产业的发展。

2012年9月，百度世界大会在京举行。会上，百度发布了包括PCS、MTC、BAE、ScreenX、SiteApp、LBS·云、浏览内核在内的百度云七种武器。

2013年1月，在首条横跨台湾海峡的海底光缆“海峡光缆1号”工程竣工之际，中国联通集团公司与福建省政府在福州签署了《“数字福建智慧城市群”建设合作协议》。中国联通将在2013年至2015年期间，力争在福建投入100亿元，打造WCDMA3G优势精品网络及固网宽带高速网络，加快各类应用云平台的建设，为“数字福建智慧城市群”建设提供良好的服务保障能力。根据协议,双方将围绕“数字福建智慧城市群”建设展开深入合作,充分发挥“海峡光缆1号”优势，依托中国联通WCDMA3G移动网络和宽带互联网能力，普及运用云计算、物联网等先进的通信技术，加快推进“数字福建智慧城市群”建设，大力实施健康、教育、就业、家政服务等便民、惠民系统工程，推动政府服务转型；大力发展电子商务、物联网应用、健康服务、教育服务和就业服务等“数字福建”五大产业集群，实现产业辐射带动产品更新换代，提升区域核心竞争力，广泛参与国际产业分工与合作，加快福建省经济社会发展步伐。

在相关部门和有关企业的努力下，中国云计算产业链已经初步形成。经过两年多的技术积累和产业准备，中国的云计算产业开始全面铺开。我国在云计算领域已具备了一定的技术和产业基础，并拥有巨大的潜在市场空间，未来中国政府会把云计算视为新一代信息技术产业的发展重点，积极引导和推动云计算产业朝健康有序的方向发展。

中国云计算产业存在抓住机遇实现局部突破的机会，但当前发展过程中的产业技术差距、规划布局和制度环境等问题也日益显现。

○“大数据”时代来临

随着移动带宽技术的迅速提升，更多的传感设备、移动终端随时随地地接入网络，产生了大量的数据，并且仍在以惊人的速度迅猛增长，“大数据”应运而生。“大数据”不仅是一个概念，还具有战略导向性和更高的应用价值。

2010年7月，联合国发布了《大数据促发展：挑战与机遇》白皮书，指出大数据对于全世界是一个历史性的机遇，可以利用大数据造福人类。2012年7月，美国政府发布《大数据研究和发展倡议》，拟投资2亿美元，增强从大量复杂数据集合中萃取信息的能力。全球多家互联网巨头都意识到“大数据”时代来临的重要意义。惠普、IBM、微软等纷纷通过收购“大数据”相关厂商来实现技术整合。

2012年，“大数据”在中国也成为热点。在云计算、物联网等技术的带动下，中国已步入“大数据”时代。

工业和信息化部发布的物联网“十二五”规划中，把信息处理技术作为四项关键技术创新工程之一提出来，其中包括海量数据存储、数据挖掘、图像视频智能分析等都属于“大数据”的重要组成部分。

国内不少信息与通信技术企业，特别是大型互联网企业，都开始对大数据的存储、处理和应用进行战略布局。百度、腾讯、淘宝、中国移动纷纷构建各自的数据中心项目，以容量与数据处理技术来衡量成就。在2012年底，广东省率先成为全国推行大数据战略的省份。根据《广东省实施大数据战略工作方案》，广东省将建设政务数据中心，拓宽数据收集渠道，推进数据开放工程，提升政府管理服务水平。大数据带来的机遇和挑战在2012年还没有完全展现。随着大数据处理技术日趋成熟易用和走向主流市场，新兴媒体领域将发生重大变革。

4. 起步建设智慧城市

随着泛在互联网、云计算、物联网等技术的迅猛发展，新一轮信息化革命已经到来。新一代互联网、云计算、智能传感、通信、遥感、卫星定位、地理信息系统等技术的结合，将可以实现对一切物品的智能化识别、定位、跟踪、监控与管理，从而使地球达到“智慧”的状态，使建设智慧地球从技术上成为可能。

近年来，智慧地球理念即在世界范围内悄然兴起，许多发达国家积极开展智慧城市建设，将城市中的水、电、油、气、交通等公共服务资源信息通过互联网有机连接起来，智能化作出响应，更好地服务于市民学习、生活、工作、医疗等方面的需求，以及改善政府对交通的管理、环境的控制等等。在我国，一些地区在数字城市建设基础上，开始探索智慧城市的建设。建设智慧城市已经成为历史的必然趋势，成为信息领域的战略制高点。

○国际“智慧城市”发展概况

美国：国家战略指引城市未来

经历金融危机后，美国采取一系列措施刺激经济复苏，进一步强化美国的技术优势及对全球经济的掌控。IBM提出的“智慧地球”对美国政府的经济战略产生一定影响，并在相关国家战略规划中有所体现。

2009年，美国推出国家宽带网络发展计划。2010年，美国联邦通信委员会发布未来10年美国的高速宽带发展计划，提出到2020年前让1亿户美国家庭互联网传输的平均速度从现在的每秒4兆提高到每秒100兆。美国国家经济委员会、经济顾问委员会和科技政策办公室联合发布的2011年“美国创新战略”强调在基础设施、信息通讯、清洁能源、教育、医疗等领域的创新力度与研发投入，特别是加大对机器人技术、数据密集型科学与工程等领域投资；加快高速铁路、下一代空中交通控制系统的建设进度；研究先进的信息技术生态系统，加快计算和网络平台布局、高速互联网的接入，进一步提高无线频谱的可利用性。

美国信息技术企业对智慧城市建设抱有很高热情，主动参与到行业、生活领域的智能化系统建设。2009年，IBM与美国中西部爱荷华州的迪比克市合作建设美国第一个“智慧城市”，将城市的所有资源，如水、电、油、气、交通、公共服务等连接起来，整合和分析各种数据，满足市民生活需求。

2011年“美国创新战略”

战略主题	战略重点
基础设施	高速铁路：未来 25 年内使高速铁路覆盖全美 80% 的人口。新建多条高铁，距离从 100 至 600 英里不等，便于大型城市之间的往来。
	下一代空中交通控制系统：令空中交通更为便捷、可靠、节能，尤其是保障飞行旅程的安全性。
信息通讯	无线网络：未来 5 年内使美国高速无线网络的接入率达到 98%。无线网络的频谱资源从 50MHz 增至 550MHz。加速智能终端的创新研究。
	宽带网络：扩大宽带网络的普及率，惠及家庭、企业、学校、图书馆、医院等用户。
清洁能源	能源创新中心：2010 年度已成立了 3 个能源创新中心，分别研究能源模型、建筑能源效率、从太阳能获取燃料等难点问题。计划将能源创新中心从 3 个增至 6 个。
	汽车节能：针对 2017 年至 2025 年出厂的车辆出台新的节能标准。
教育 / 医疗	智慧医疗：推广电子医疗记录技术，建立网上医疗信息交换系统，发展移动医疗。
	智慧学习：通过教育部“全国教育技术计划”、国家科学基金会“网络学习转型教育”促进学习技术的创新。

资料来源：A Strategy for American Innovation:Securing Our Economic Growth and Prosperity

欧盟：欧洲智慧城市网络

欧盟于2006年发起了欧洲LivingLab组织。它采用新的工具和方法、先进的信息和通讯技术来调动方方面面的“集体的智慧和创造力”，为解决社会问题提供机会。该组织还发起了欧洲智慧城市网络。LivingLab完全是以用户为中心，借助开放创新空间的打造帮助居民利用信息技术和移动应用服务提升生活质量，使人的需求在其间得到最大的尊重和满足。

英国："数字英国"战略保持国家领先地位

英国政府于2009年推出《数字英国》规划，从2010年开始实施。该规划五大目标包括：一是保持英国在数字经济时代的领先地位，升级有线网、无线网、宽带等信息通信基础设施；二是为数字内容、应用和服务创新与投资营造良好环境；三是保证高质量的公共服务内容，尤其是新闻领域；四是提高各层次公民数字技术；五是保证宽带的广泛接入，提高其利用率，更有效地提供公共服务。

《数字英国》具体行动规划包括：投资3亿，至2012年保障基本宽带网速至少达到2Mbps;铺设下一代高速光纤网络，首先惠及英国维珍国家有线网络(Virgin Media)下50%英国居民及英国电信网络下100万用户，使其通过高速网络充分享受包括高清视频、娱乐外更多的视频会议、电子医疗、价格大幅下降的云计算等创新产品与服务；快速转向下一代高速移动带，提高3G及下一代移动覆盖率、在铁路网络上的稳定性及地铁中的覆盖率，保持移动通信市场高度竞争力，包括取消现有移动运营商3G许可证2021年失效限制；广播电台至2015年全面升级到数字广播，调频将仅用于小区域电台广播；在互联网管制方面，大力发展合法的下载市场，使消费者和制造业均受益，并推动立法，授予英国通信和媒体监管机构（Ofcom）监管非法下载的权力，打击在互联网上非法传播音乐和视频，单方面切断屡犯不改者的互联网服务；通过有效应用云计算，实现政府的电子政务建设等。

《数字英国》建设推动使得英国在整个欧洲信息通讯基础设施领域位

列领先地位。在与23个欧洲其他国家比较中，2009年至2011年英国信息通讯基础设施水平提高快速，其中宽带下载速度由排名中的倒数第5位上升至第7位，提高近45%，达到平均5Mbps水平；英国在网上购物、B2B商务方面也名列前位，网上商店相对普及率较低。更进一步，英国电信计划向住户及商户推广超高速光纤网络，2013年年内将700万用户网速最高上限从40Mbps上提到80Mbps。至2014年年底，计划覆盖英国三分之二楼宇。

丹麦：智慧城市哥本哈根计划

丹麦建造智慧城市哥本哈根，计划在2025年前使该城市成为第一个实现碳中和的城市。要实现该目标，主要依靠市政的气候行动计划——启动50项举措，以实现其2015年减碳20%的中期目标。在力争取得城市的可持续发展时，许多城市面临的挑战在于维持环保与经济之间的平衡。通过采用可持续发展城市解决方案，哥本哈根正逐渐接近目标。对哥本哈根的研究显示，丹麦首都地区绿色产业5年内的营收增长了55%。

日本：“I-Japan智慧日本战略2015”

2009年7月，日本政府IT战略本部推出至2015年的中长期信息技术发展战略——智慧日本i-Japan。这是日本继“e-Japan”、“u-Japan”之后提出的更新版本的国家信息化战略。该战略将目标聚焦在电子化政府治理、医疗健康信息服务、教育与人才培育等三大公共事业上，提出到2015年，日本将实现以人为本、“安心且充满活力的数字化社会”，让数字信息技术融入每一个角落，并由此改革经济社会，催生新的活力，实现积极自主的创新。

新加坡：智慧iN2015

新加坡作为一个城市国家，其智慧城市建设在2006年至2015年的10年“智慧国2015”（iN2015）总体规划下，以运用日益成熟的信息通讯技术为核心，促进主要经济领域、政府及社会转型，进一步满足社会需求、提升产业高度，将花园城市新加坡打造成智慧全球城市，带给新加坡国民生活、学习、工作和娱乐方式新变化。

在iN2015规划中6个数字代表了智慧城市规划的未来：成为运用信息通讯技术增加经济及社会附加值的全球第一；使信息通讯产业对经济增加值提高20%，达到260亿美元；使信息通讯技术产业出口收益提高30%，达到600亿美元；新增8万个就业岗位；使90%的家庭实现宽带接入；使学龄儿童电脑拥有率达100%。

针对规划制定的目标，“智慧国2015”从信息通讯技术出发，规划部署了信息通讯基础设施建设，信息通讯产业发展，信息通讯人力资源培养，以及支持数字媒体、金融、物流、政府服务、教育、医疗、民生等领域转型发展的4大战略目标，共10个领域50个具体项目：

战略一：建设超高速、普遍、智能及可靠的信息通讯基础设施。

战略二：发展具有全球竞争力的信息通讯产业。

战略三：培养具备信息通讯基本知识的人力资源及具有全球竞争力的信息通讯专业人才。

战略四：运用创新的信息通讯技术引领包括数字媒体、金融、物流、传统服务业等4个主要经济领域，及政府服务、教育、医疗等社会转型领域。

此外，新加坡智慧政府建设是其智慧城市的亮点之一，其电子政府建设具有很强的计划性、持续性，并成绩斐然，不仅是全球各国与城市的典范，也是其信息产业发展及出口拉动因素。2009年至2011年新加坡连续三年在早稻田大学电子政府研究排名中名列榜首；在世界经济论坛2010年全球IT报告中电子政府成熟度分类指数排名第一；在联合国2010年电子政府调查中电子政府发展位列第11位，电子参与度排名位列第9位，并获杰出进步奖等。

新加坡智慧政府eGov2015(2011—2015年)作为iN2015智慧国规划一部分，也作为第四个电子政府规划，致力于推进信息通讯技术在政府服务领域的应用。eGov2015通过信息通讯技术，进一步提高民众参与度，从“政府为你服务”向“政府与你在一起”。其建设面向三个层面：民众、企业、政府自身，使政府成为更好的服务者，提供服务平台，咨询大众，从民众中获取灵感。在民众层面，强调其参与度，提供生活便利，促进其了解和积极参与到国家政策相关事务中；在企业层面，强调高效便捷服务企业，促进政府商业服务能力提高；在政府自身，强调政府能力及协同性，推进整合政府。

○中国智慧城市发展概况

2012年11月8日，中国共产党第十八次全国代表大会召开。党的十八大报告多处表述提及信息、信息化、信息网络、信息技术与信息安全，并在报告第四部分“加快完善社会主义市场经济体制和加快转变经济发展方式”中，明确要“坚持走中国特色新型工业化、信息化、城镇化、农业现代化道路，推动信息化和工业化深度融合、工业化和城镇化良性互动、城镇化和农业现代化相互协调，促进工业化、信息化、城镇化、农业现代化同步发展”。这为中国的信息化工作提出了更高更明确的发展要求。

“智慧城市”，它是国家培育发展战略性新兴产业、推进城市信息化进程中的前沿理念和探索实践，是城市信息化发展的必然趋势。

从信息化到“智慧城市”，这是一个从形态到内涵的跨越。

基于我国对信息化建设的战略要求，国内部分城市正在加速推进信息化进程，并在此基础上开始构筑智慧城市的建设和发展。

目前，智慧城市在全国范围内已初步完成规划部署，成为“十二五”时期我国城市发展的新主题。截至2012年9月，全国47个地方规划文件中，明确提出智慧城市建设的有22个，占比46.8%。其中，北京、上海、广东、深圳、杭州、南京、宁波、武汉、厦门等地方已制定智慧城市发展的专项规划。

就实际情况而言，各地智慧城市建设的关注重点存在明显差异。当前，各地智慧城市建设的关注重点大致可分为社会应用工程、基础设施建设、智慧产业发展、新一代信息技术应用四个方面。总体来看，对社会应用工程和基础设施建设的关注程度较高，在明确提出智慧城市发展战略的22个地方中，有16个优先发展民生、城市管理等社会应用工程和基础设施建设，占比72.7%，其他地方以智慧产业发展或新一代信息技术应用为优先发展内容。

2013年1月16日，由中国互联网协会主办的2012中国互联网产业年会在北京举行。会议发布的报告显示，中国智慧城市建设将得到务实发展，目前已有68个城市推出了智慧城市建设专项规划。

北京：“4+4”行动计划

2009年，北京市颁布了《北京信息化基础设施提升计划（2009—2012

年）》。该计划对信息化基础设施建设，提升信息化基础设施服务能力，电子信息制造业、软件和信息服务业发展，提高信息化应用水平等几个方面提出了详细规划，并要求到2012年底，基于移动互联网，北京将建成首个物联网应用资源共享服务平台、物联信息交换平台、传感信息网络平台、超级计算中心等共性基础支撑平台。

此后，针对2011年到2020年信息化建设发展，北京又提出“智慧北京”（2011—2020）建设目标，要求达到宽带泛在的基础设施、智能融合的信息应用、创新可持续发展环境三大目标。2015年，“智慧北京”将实现一个基础提升和四类主体的智慧应用体系，信息化整体发展达到世界一流水平。其中，“一个基础提升”是指建成泛在、融合、智能、可信的信息基础设施。“四类主体的智慧应用体系”是指：城市运行方面，基本建成人口精确管理、交通智能监管、资源科学调配、安全切实保障的城市运行管理体系；市民生活方面，基本建成覆盖城乡居民的集成化、个性化、人性化的数字生活环境；企业运营方面，基本普及信息化与工业化深度融合、信息技术引领企业创新变革的企业运营模式；政府服务方面，构建以市民为中心、高效运行的政府整合服务体系。

2012年3月，北京市政府正式发布《智慧北京行动纲要》，推出《智能北京行动纲要》，为实现“智慧北京”提出8项行动计划，简称“4+4”行动计划。具体是：4项智慧应用行动计划，包括城市智能运行计划、市民数字生活计划、企业网络运用计划、政府整合服务计划；4项智慧支撑行动计划，包括信息基础设施提升计划、智慧共用平台计划、应用与产业对接计划、发展环境创新计划。作为支撑，8项行动计划又分解为51项重点任务。

上海："创建面向未来的智慧城市"

2011年1月21日，《上海市国民经济和社会发展第十二个五年规划纲要》通过，"创建面向未来的智慧城市"的战略目标被正式提出，这意味着"十二五"期间，上海将初步形成建设"智慧城市"的基本框架，明确4个主要关注点。

关注信息基础设施能级提升，建设国际水平的信息基础设施。上海将提升网络带宽和接入能力，发展3G、WiFi等多种技术的无线宽带网，基本实现百兆家庭宽带接入能力、无线宽带和主要公共场所无线局域网服务的全覆盖。将加速电信网、广播电视网、互联网"三网融合"，支持数字电视、网络电视（电话）等融合型业务发展，增强功能平台服务能力，发展高端数据中心、网络运营中心、提升超级计算中心能级。

信息技术应用是智慧城市的重要推动力，通过智慧化的城市管理，将改变城市的方方面面。上海从实际需求出发，围绕城市规划管理、交通综合信息服务、城市应急联动，加强城市空间地理信息系统建设，建设信息化综合管理平台，以"促进城市专业领域管理精细化和服务便捷化"。上海还致力于引导和发挥社会组织开展信息化积极性，继续缩小城乡之间和不同人群之间的"数字差距"，并促进政务信息共享和业务系统建设，提升政府信息化服务水平。

新一代信息技术产业化和传统产业改造升级正与时俱进。当前上海大力推进物联网、新型显示、网络通信等新技术的研发应用与产业自主发展，实施"云海计划"，打造云计算产业链。积极推动专业信息服务业和第三方支付、网络视听、互动娱乐等互联网服务业发展。推进信息化与工业化深度融合，推动信息技术在传统产业领域的渗透应用。

一个良好的信息化发展环境必将成为智慧产业发展的保障。上海将加紧完善信息资源开发利用机制，建设国家级信息安全综合服务平台，优化信息安全综合监管机制，完善信息安全等级保护、应急演练等监管制度。加快推进信息化政策法规体系建设；加强各类信息资源的公益开发与专业服务。

在以上整体框架的基础上，上海又于2011年下半年与2012年初分别出台了《上海市推进智慧城市建设2011—2013年行动计划》与《上海市国民经济和社会信息化“十二五”规划》，全面解读上海市智慧城市发展的思路与方法：以提升网络宽带化和应用智能化水平为主线，加快推进城市信息基础设施建设，加快城市经济社会各领域的数字化、网络化、智能化步伐；大力推进战略性新兴产业发展，加快培育发展新一代信息技术产业，保障信息安全。这两个规划还进一步提出更为具体的发展目标：到2013年底，上海智慧城市建设将基本形成基础设施能级跃升、示范带动效应突出、重点应用效能明显、关键技术取得突破、相关产业国际可比、信息安全总体可控的良好局面。

为顺利推进以上目标，围绕构建国际水平的信息基础设施体系，《行动计划》提出了宽带城市、无线城市、通信枢纽、三网融合、功能设施等5个重点实施专项，明确“信息基础设施、信息感知和智能应用、新一代信息技术产业、区域信息安全保障”四个体系及每个体系应实现的具体目标。通过总计24个专项、6个重点任务以及8方面保障举措，实现对上述目标的具体支撑。《信息化“十二五”规划》则拓展延伸《行动计划》中的已有任务与目标，进一步在数字化城市管理、数字惠民等方面作了更加具体的规划与要求。

广州：综合创新建设广州智慧城

自2011年起，广州全面实施智慧城市战略，计划用5年的时间构建“智慧广州”框架，到2020年基本形成智慧广州体系，城市智慧化程度达到国内领先水平。广州智慧城拥有较优生产要素、较好需求条件、较强带动性、较高集中度的核心产业，因此加快推进规划建设，对提升广州核心产业竞争力提出以下发展策略：明确将构建“广州智慧城”纳入广州“十二五”发展战略；创新体制机制；大力发展核心产业，形成具有国际竞争力的产业集群；拓展产业发展空间；推动产学研发展、人才培养、成果产业化多方面多层次的融合；实行城市建筑功能复合，工作、学习、生活并重，科学确定产业和生活设施比例，实现产业集聚化、功能综合化、效益最大化。

建设广州智慧城被明确为广州“十二五”发展战略，并提出重点加快推进三大国家级经济技术开发区（广州经济技术开发区、南沙经济技术开发区和增城经济技术开发区）、五大现代服务业功能区（珠江新城—员村地区、琶洲地区、白云新城地区、白鹅潭地区、城市新中轴线南段地区）、六大先进制造业基地（汽车、船舶及海洋工程装备、核电装备、数控、石油化工和精品钢铁）以及空港、海港经济区、总部经济区等产业发展载体和平台建设。

南京：智慧新城推进智慧南京落实

2006年，南京市提出“发展智慧产业，构建智慧城市”的初步设想。2009年，南京正式提出“智慧南京”发展愿景。2010年，南京启动“智能新城”工程建设。2011年3月，《南京市“十二五”智慧城市建设规划》框架形成，主要内容是以交通、医疗和电力三者的智能化为重点，推动南京智慧城市建设。

《南京市“十二五”智慧城市建设规划》的总体目标：发挥南京科教、产业和人才优势，继承先进技术，推进“三网融合”、“两化融合”以及物联网与互联网的融合。优先发展高科技产业、软件业、信息服务业，继续保持制造业信息化在全省、全国领先水平。重点加快金融商务、文化教育、医疗卫生、城市管理、城市交通、环境监控、公共服务、居家生活等领域智能化建设。全面提高资源利用效率、城市管理水平和市民生活质量，努力改变传统的生产方式和生活方式。经过五年左右的努力，在国内率先建成以基础设施先进、产业结构高端、科技应用普及、生产生活便捷、城市运转高效、公共服务完备、生态环境优美为主要标志的、惠及全体市民的智慧南京。

智慧南京主要任务包括三个重点领域和五项重点工作。三个重点领域是智慧基础设施、智慧产业、智慧政府；五项重点工作是加快智能交通、智能医疗、政务数据中心、智能电网、智能社区等标志性示范工程。

武汉：“信息通衢”打造中部智慧之都

2011年2月，武汉市政府工作报告明确提出了大力推进“智慧城市”建设，大力发展基于新一代信息技术的智慧产业。建设“智慧城市”已作为一项战略性任务，列入了武汉市“十二五”规划纲要。

武汉在“十二五”期间在城市信息化方面，将加强信息基础设施建设，整合信息资源，完善信息化顶层设计，健全信息安全保障体系，努力建设智慧城市。具体措施有六个方面：

△推进数字武汉建设，提升城市基础测绘保障和服务能力，进一步充实和更新基础地理信息数据库，完善数字武汉地理空间框架。

△深化“三网融合”、下一代广播电视网试点工作，推进通信网、互联网、数字电视网等信息网络全覆盖，提升服务功能，促进融合应用，实现资源共享、互联互通。

△实施光城计划。加快宽带网络建设，利用武汉光纤光缆产业优势，积极推进光纤到楼，大力发展光纤到户，扩大远城区宽带网络覆盖范围，建设智能楼宇、智慧家庭。

△加强电子政务建设。加强“中国武汉”门户网站建设，进一步完善武汉电子政务外网、电子政务专网，加强全市协同办公系统、网上行政审批信息平台、视频会议等电子政务骨干应用系统建设。

△加快企业信息化。推广、深化信息技术在各行各业的应用，实现信息化对企业生产等环节的渗透，积极推进中小企业信息化。

△推进物联网建设。引进和运用物联网、云计算等信息技术，实施智能交通、智能电网、智能安防设施、智能环境监测、数字化医疗等物联网示范工程。实现车联网全覆盖。

“信息通衢”打造中部“智慧之都”，成为武汉市城市新品牌。武汉市“智慧城市”建设项目，一方面体现了信息技术不断深化和渗透，另一方面体现出信息化从最初追求数字化、自动化发展到追求智能化、泛在化，进一步追求人性化、智能化。

宁波：东方智慧港口

2010年9月，宁波市出台《中共宁波市委宁波市人民政府关于建设智慧城市的决定》。2011年2月，宁波市又出台《宁波加快创建智慧城市行动纲要（2011—2015）》，争取5年内，建成一批成熟的智慧应用系统，形成一批上规模的智慧产业基地；10年内，把宁波建设成为智慧应用水平领先、智慧产业集群发展、智慧基础设施比较完善、具有国际港口城市特色的智慧城市。

2011年开始，宁波市政府结合《关于建设智慧城市的决定》、《宁波加快创建智慧城市行动纲要（2011—2015）》及当年重大项目工作部署，制定《宁波市加快创建智慧城市行动计划》。该计划总体目标：光纤入户覆盖主要城区，无线局域网覆盖重要公共场所，基本完成通信网络基础设施改造；建成人口、法人、自然资源与空间地理等数据库；建设政府云计算中心。智慧物流、智慧健康保障、智慧社会管理、智慧城管、智慧财税、智慧安监、智能电网等重点项目建设水平居全国前列；智慧交通、智慧教育、智慧公共服务、智慧文化、智慧能源应用、智慧海洋等试点项目加快推进。国家高新区软件研发推广产业基地、杭州湾新区智慧装备和产品研发与制造基地等产业基地（园区）建设取得新进展；“两化”融合试点示范工程建设取得明显成效。智慧城市的组织领导、决策咨询、市场推进等机制基本形成，相关政策、标准法规研究制定取得进展，智慧城市培训和人才引进培养工作扎实有效；建立完善的信息安全保障体系，提高信息安全保障水平；完善国内外合作交流机制。

智慧宁波行动计划主要包括四个方面和五项任务。四个方面是智慧基础设施、智慧应用、智慧产业、智慧城市发展环境；五项任务是加快推进信息网络基础工程和信息安全基础工程建设、政府云计算中心和基础信息共享工程建设、面向城市管理与服务的智慧应用工程建设、面向产业发展的智慧应用工程建设、智慧产业基地培育工程建设。

2012年中国智慧城市发展水平有了较大提升

2012年12月5日，“2012中国智慧城市发展年会”发布《2012年中国智慧城市发展水平评估报告》。从评估结果来看，2012年中国智慧城市发展水平较2011年有了较大幅度的提升，其中无锡、佛山、上海、北京、广州、扬州、浦东新区、杭州、宁波、深圳等城市成为创建智慧城市领跑者。但综合来看，中国智慧城市发展仍处于起步阶段。要促进智慧城市健康快速发展，政策层面要加强指导，提供标准规范。尤其国家层面，要由各有关部门联合出台相关智慧城市发展的指导意见。

2013年1月，由住建部组织召开的国家智慧城市试点创建工作会议在北京召开，会议公布了首批国家智慧城市试点名单；住建部与第一批试点城市（区、县、镇）代表及其上级人民政府签订了共同推进智慧城市创建协议。经过地方城市申报、省级住房城乡建设主管部门初审、专家综合评审等程序，确定首批国家智慧城市试点共90个，其中地级市37个，区（县）50个，镇3个。

5. 卫星定位、物联网、3D打印，全面提升新兴媒体的社会服务性

○卫星导航系统迈出一大步

卫星导航产业已成为继移动通信和互联网之后，全球第三个发展最快的电子信息产业，正在带来巨大的经济价值。随着社会信息化进程的加快，卫星导航系统不仅对于国家安全方面极为重要，在国家商业应用方面的作用亦越来越大。长期以来，由于我国在导航领域关键技术与产量上相对落后，美国的GPS（Global Positioning System，全球定位系统）在我国几乎处于垄断地位，电力传输、通信、金融等领域均存在严重依赖GPS的情况。

2000年，中国早于欧洲人，成为继美国、俄罗斯之后全球第三个拥有自主卫星导航系统的国家。北斗二代系统于2004年8月31日正式立项，2011年12月27日提供试运行服务。

2012年，中国北斗二代系统取得关键性进展。11月，中国北斗第16颗卫星成功发射飞行，它将与先期发射的15颗北斗导航卫星组网运行，形成覆盖亚太大部分地区的服务能力。12月27日，北斗卫星导航系统新闻发言人冉承其宣布：我国自主研发的北斗卫星导航系统即日起向亚太大部分地区正式提供区域服务，可覆盖地区西起伊朗、东达中途岛、南含新西兰、北至俄罗斯。因为这是中国首次拥有自主知识产权的卫星导航系统，北斗卫星导航系统任务团队获得2012央视经济年度人物创新大奖。

2013年，北斗卫星导航系统将投入商用。北斗卫星导航系统是我国自行研制的全球卫星定位与通信系统，是继美国全球定位系统和俄罗斯GLONASS之后第三个成熟的卫星导航系统，即中国版的“GPS”。这标志着在美国主导的卫星定位领域，中国将摆脱对美国GPS的依赖，北斗将同目前垄断国内导航产业95%以上的GPS展开正面竞争。

独立的北斗卫星导航系统开发的成功，展示了中国综合国力和技术实力。这不仅可以从根本上摆脱受制于人的局面，还对提升我国国际地位，提升国际影响力具有重大意义。

北斗也将衍生出惊人的卫星定位产业。作为科技含量极高、人力资本密集的战略性新兴产业，北斗导航卫星产业化的市场空间极富想象力。北斗的发展将形成基础产品(包括导航天线、终端芯片、板卡、导航地图等)、导航终端产品和运营服务三大条产业链，影响国防、渔业、交通、通信、电力等各大领域。国腾电子、海格通信、中海达、四创电子、中国卫星、高德、四维图新等上市公司，以及东方联星、南方测绘等非上市公司均会因此受益。

2012年8月，北斗星通与北京市国土资源局共同启动了“北京市地质灾害监测预警示范工程”项目，即在密云地质灾害多发区建设32个监测点，应用于滑坡、崩塌、泥石流、地裂缝、地面塌陷和沉降等地质灾害的监测和预警示范。北斗星通还将继续开发车联网等广泛应用北斗导航系统的新产品。为了加快推进北京市北斗导航与位置服务产业的发展步伐，2012年11月，北京市经济和信息化委员会发布《北京市推进北斗导航与位置服务产业发展实施方案》。《实施方案》要求，2015年北京导航与位置服务产业实现营收超过500亿元，开展行业典型应用示范超过100个，培育形成50亿级营收规模的企业，为2020年形成千亿元量级的产业打好基础。

卫星导航系统是服务于众多国民经济领域，带来巨大经济利益的“助推器”。根据全球导航定位协会估测，在2011年中国卫星导航市场规模为1000亿，2015年将达到2500亿，2020年将有可能超过4000亿，北斗的逐步完善将成为产业发展最核心的推动力。

○物联网明确产业方向

物联网技术是国家战略新兴技术，对国家战略和可持续发展具有重要意义。

自1999年在美国召开的移动计算和网络国际会议上首先提出了“物联网(Internet of Things)”这一概念之后，物联网的相关技术应用开始逐渐引起人们的关注，世界各国也纷纷掀起发展物联网的热潮。2005年11月17日，国际电信联盟（ITU）在突尼斯举行的信息社会世界峰会（WSIS）上发布了《ITU互联网报告2005：物联网》，拓展了“物联网”这一概念所涵盖范围，使其不仅仅局限于RFID技术的相关应用。报告发布之后，各国热烈响应，陆续开始制定各自的发展战略，随后逐步展开了相应的计划和行动：比如美国的“智慧地球”、欧洲的物联网行动、日韩基于物联网应用建立“泛在社会”的信息战略等。

在物联网方面，我国比较早开始进行物联网相关领域的研究，技术和标准与国际基本同步，物联网的应用也很早就在我国开展。“十二五”期间，物联网投资和应用的十大重点领域分别是智能电网、智能交通、智能物流、智能家居、环境与安全检测、工业与自动化控制、医疗健康、精细农牧业、金融与服务业、国防军事。

2012年2月，工业和信息化部正式发布了《物联网“十二五”发展规划》，标志着我国物联网产业明确了发展方向，有利于引导产业走上良性发展的正轨；5月，国家发展和改革委员会发布了《关于组织实施2012年物联网技术研发及产业化专项的通知》，成为继财政部、工业和信息化部联合启动的“物联网发展专项”之后，又一个物联网领域的重量级国家专项投入；12月，中央财政部在总结原有政策的基础上，实施了修订后的《物联网发展专项资金管理暂行办法》，进一步明确了支持方向和重点，进一步完善了支持方式，并建立了物联网发展专项资金绩效评价制度。

物联网标准体系建设推进力度明显加强。2012年1月，交通运输部科技司召开了物联网交通领域应用标准工作组成立大会暨第一次工作会议；3月，国际电信联盟远程通信标准化组（ITU—T）第13研究组会议正式审议通过了“物联网概述”标准草案，该标准是全球第一个物联网总体性标准，对于全球物联网标准化具有重要的里程碑意义；10月份，工业和信息化部开始着手制定“M2M通信系统安全增强”的行业标准，预计将于2013年完成。

2012年，以政府规划出台和行业标准制定为引导，物联网进一步进入以实际应用带动整体发展的新阶段，产业体系初步形成。物联网市场规模稳步扩张，到2012年底达到3650亿元，同比增长38.6%。从以政府公共服务为主的公共管理和服务市场，到以企业为主的行业应用市场，再到以个人和家庭为主的消费市场，在细分市场不断深入，智慧城市、智能交通、智能电网、智能家居、智能物流、医疗健康、智能安防等物联网民用应用驱动产业初具规模。

○3D打印带来新的生产方式变革

3D打印是2012年新兴媒体产业拓展方面最具革命性的热点。3D打印技术作为制造业领域的一次重大技术革命，已经广泛应用到航空航天等军事领域和大型复杂构件的一次成型制造，是传统制造技术与新材料和新的信息技术的完美结合。

目前3D打印在汽车制造行业的应用日益广泛，而建筑、医疗、文化创意及文物修复等行业也已经开始引入这一新技术。2011年通用电气公司宣布，已经将3D打印技术应用于制造部分航空发动机零部件。2011年8月，南安普敦大学的工程师们开发出世界上第一架3D打印的飞机。2012年11月，苏格兰科学家利用人体细胞首次用3D打印机打印出人造肝脏组织。

从技术上讲，3D打印实际上是一种数字化生产模式，它将把新兴媒体从信息服务拓展到数字制造业，引发生产方式的变革。近几年，国外3D打印技术在资本市场上发展迅速。2011年全球3D打印技术产值年增长29%，预计2015年将达到350万亿美元。3D打印机公司每年的经济增长率超过50%。作为美国十大增长最快的工业，3D打印改变了美国制造业的格局，世界上最大的3D打印机公司美国的Strappy其股价从2009年起至2012年增长了8倍。

2012年国内与3D打印相关的上市公司，如银邦股份、南风股份和中航重机，表现十分抢眼。10月，由亚洲制造业协会联合华中科技大学、北京航空航天大学、清华大学等权威科研机构和3D行业领先企业共同发起的中国3D打印技术产业联盟正式宣告成立。12月，增材制造技术国际论坛透露，我国首个3D打印工业园将落户武汉东湖高新区。武汉市发改委等部门针对3D打印产业，正在摸底调查，拟着手编制规划并予以扶持培育。

不过，与美国等国家相比，目前我国3D打印产业还存在企业对技术研发投入不足、产业链缺乏统筹发展、缺乏教育培训和社会推广等问题，亟须政府层面的宏观规划和引导。建议采取财税金融政策上积极支持、积极引导建立行业协会，鼓励研发，加强教育培训等措施，进一步促进3D打印社会化推广等方式，促进我国3D打印产业持续健康发展。

北京空港物流基地

基地概况

北京空港物流基地于2002年7月成立，是北京市唯一的航空—公路国际货运枢纽型物流基地，位于首都国际机场北侧，规划面积3694亩（其中东区开发面积939亩）。

发展十年来，基地作为临空经济核心区的重要组成部分，紧紧抓住首都机场扩建、海关保税监管体系改革等历史机遇，成功申报北京空港保税物流中心(B)型和北京天竺综合保税区。目前，基地共引入企业400余家，行业涉及物流、航空、金融、保险、商贸和文化创意等，包括德国敦豪、美国强生、中国中铁等14家世界500强和北汽、格力等5家中国500强。实现税收由2003年的 1243 万元，增长到 2011 年的 28.1 亿元，年均增幅达 97%。

基地先后被中国物流与采购联合会命名为“中国物流示范基地”；被国家人事部等单位评为“全国物流行业先进集体”；被国家人力社保部、全国总工会等单位评为“全国模范劳动关系和谐工业园区”。

交通条件

空港物流基地位于北京东北方向，地处北京市规划的顺义新城区范围内，与首都机场“无缝对接”，地理位置优越，交通条件发达，距市中心 20 公里，距天津港 160 公里。

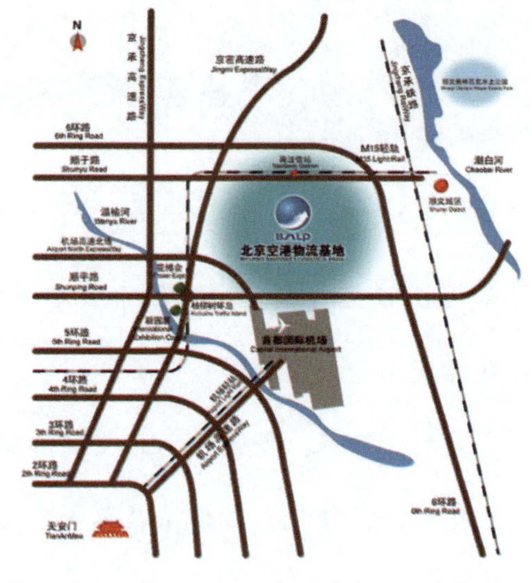

轻轨： M15 号（南法信站即设在基地园区之内）、机场轻轨；

高速公路：机场高速 1 号线、2 号线、机场高速北线、京承高速、六环路、机场高速南线等；

快速路：101 国道、顺平快速路、顺通快速路、机场辅路等。

投资导向

招商导向：以航空物流企业为依托，以国内外专业物流及总部型企业为主体，以国际中转、分拨、配送业务为主线，以高附加值物流加工企业为补充。引进企业类型：第三方物流企业、金融企业、文化创意企业等。

合作方式：公司注册、土地出让、物流设施租赁、办公设施租赁。

市政基础设施

基地规划设计由中、德、美三国专家按照国际一流标准联合完成，向企业提供高标准的“八通一平”（供水、雨、污排水、供电、天然气、通讯、有线电视、道路及土地自然平整）市政设施，满足现代化企业生产经营的需求。

开发区政策

基地执行《顺义区人民政府关于印发顺义区进一步优化临空经济区发展政策环境若干意见的通知》（顺政发 [2011]40号）、《顺义区财政贡献突出企业奖励办法》（顺财字 [2009]60号）、《顺义区促进会展业发展财政扶持意见》（顺政发［2008］57号）和《顺义区人民政府关于印发顺义区促进金融产业发展办法的通知》（顺政发［2011］28号）等办法，向入区企业提供资金奖励、办公用房补贴等扶持政策和人才引进、企业服务、个人VIP服务等方面的优惠。

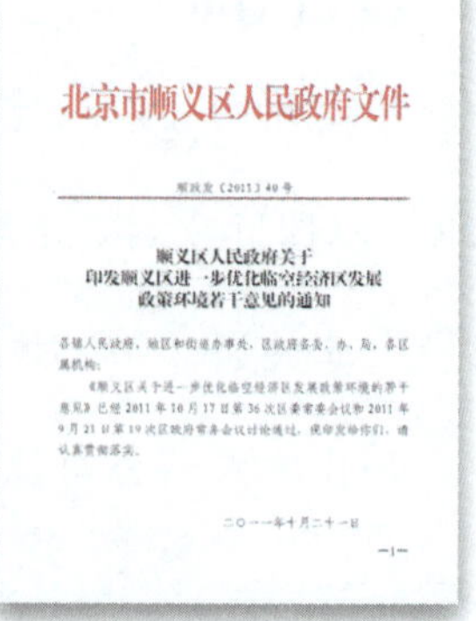

北京市顺义区人民政府文件

顺政发〔2011〕40号

顺义区人民政府关于
印发顺义区进一步优化临空经济区发展
政策环境若干意见的通知

各镇人民政府，地区和街道办事处，区政府各委、办、局，各区属机构：

《顺义区关于进一步优化临空经济区发展政策环境的若干意见》已经2011年10月17日第36次区委常委会议和2011年9月21日第19次区政府常务会议讨论通过，现印发给你们，请认真贯彻落实。

二〇一一年十月二十一日

—1—

投资服务

北京空港物流基地秉承“延伸为企业服务的内容无止境，拓展为企业服务的范围无界限”的理念，竭诚为入区企业提供“全天候在岗，24小时在线”的优质服务。在基地投资发展将全程享受基地投资服务部免费、快速、便捷、高效的优质服务，协助企业办理从领取营业执照、项目立项到工程开工所需全部手续。

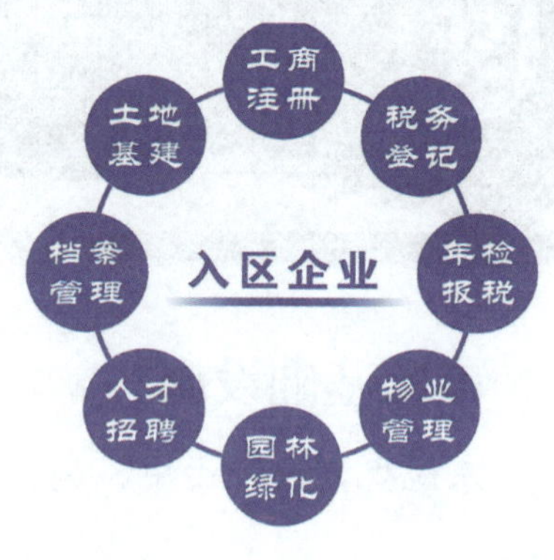

业务服务

2003年4月，基地投资成立北京空港物博物业管理有限公司，该公司是集园林、保洁、保安、广告、水暖电、人才、劳务派遣等七个分公司的综合性物业服务公司，为入区企业提供全方位多功能物业服务。

2008年2月，基地在天竺综保区内投资成立北京航济国际物流有限公司

和北京航济进出口贸易有限公司，为企业提供保税物流、仓储、运输、代理进出口、通关操作等业务。航济物流公司目前是天竺综合保税区海关认定的唯一一家A类物流企业。2012年3月，又被综保区海关特批成为区内唯一可享受“区域通关”的物流企业。

政策服务

基地设有投资服务和企业服务两个部门，专门司职和政府主管部门保持密切联系，并与其联手研究解决企业提出的多种需求和问题。

研究解决企业经营中的政策障碍

2008年4月，为解决机场商贸烟草销售问题，基地积极协调区烟草专卖局向市局申请突破现有的配送、监管模式，特批了首都机场商贸公司在隔离区内6家店铺的烟草专卖许可证并解决了配送、销售难题。

2008年3月，时任顺义区区委书记夏占义带队考察首都机场T3商业经营情况

2012年7月20日，顺义区首家“驻警制”警务工作站正式揭牌成立

与劳动、政法等部门联动，研究解决企业经营管理中的具体问题，为企业保驾护航

在协助相关企业解决劳动争议过程中，基地积极协调、沟通，邀请区人力社保局领导到企业进行专题研究，维护了双方的合法权利，为企业节约了管理成本。

联合国税、地税等部门，召开季度例会，现场解决税务管理和服务中的具体问题

基地每季度会召开机场集团、飞机维修、航空安保等入区企业参加的重点企业季度例会。各企业财务负责人沟通、交流企业生产经营形势，及遇到的税务管理、政策支持等问题。基地和国地税局领导现场办公给予解决，对未能当场解决的问题，明确责任人和具体措施。

2009年6月正式入驻运营的中铁煤炭销售公司，业务发展迅猛，原有增值税发票额度已无法满足业务需要。基地邀请区国税局主动上门服务，到该公司调研发票增版至1000万元面额事宜。区国税局将职责风险防范与服务发展需要紧密结合，积极协调，快速办理，使之成为顺义区第三家使用千万元版发票的企业，从而为其业务发展提供了有力的保障。

为达标企业解决人才户口进京、子女就学等问题，及时兑现扶持政策

截至目前，基地协助了首都机场广告公司、东航北分、顺丰速运等公司办理高级人才进京户口、工作居住证及集体户口等问题。

队伍建设硕果垂枝

自2007年来，基地党委通过构建长效机制，将以“勤学善思、服务发展”为主要内容的作风建设提高到新的水平。“团队素质能力建设大会”、“阅读思考与实践活动”、“比谦虚、比钻研、比做新贡献”学习教育活动、中层干部例会、双周五部门学习交流活动、项目统筹会、企业联谊会、重点企业座谈会等形式鲜活的长效机制，激发着党员干部旺盛的工作热情。自2007

基地办公室表演的国标舞《阳光路上》

年 6 月以来，基地 9 名正科级干部走上副处级领导岗位，3 名副处级干部走上正处级“一把手”岗位，连年取得经济增长和人才塑造的双丰收。

三、产业、市场、形态：中国新兴媒体崛起的活力与依托

三、产业、市场、形态：中国新兴媒体崛起的活力与依托

中国新兴媒体形态百花齐放，产业格局开放活跃、竞争有序，中国新兴媒体企业正大步迈出国门走向世界，新兴媒体相关产业链已初步形成并呈现出勃勃生机。

1.国内企业正在走向世界，新兴媒体的民族品格彰显

2010年，中国国内生产总值（GDP）达到5.88万亿美元，一举超越日本成为世界第二大经济体。国内生产总值世界第二意味着中国已经成长为世界经济大国，充分表明中国综合国力的提升，这在中华民族的现代化崛起之路上因具有里程碑意义而鼓舞人心。

2011年中国国内生产总值（GDP）达到7.3万亿美元。2013年2月22日发布的《2012年国民经济和社会发展统计公报》显示，2012年我国国内生产总值首次超过50万亿元，达到近52万亿元人民币，合8.3万亿美元，按可比价格计算，比2011年增长7.8%，虽然增速有所回落，但仍明显快于世界其他主要国家和地区，对世界经济增长的贡献率继续上升。

在新兴媒体领域，中国同样成就突出。在十余年间，中国新媒体奋进之路成绩喜人，特别是在与发达国家多层面的利益博弈中，中国积极借鉴而不盲目照搬，坚持政府规划主导、以我为主的新媒体发展方式，开放性引进西

方资本和商业资本，积极引入和研发新媒体技术，大力扶持互联网企业健康有序发展。

○中国移动通信企业在全球10大电信运营商中占据三席

2012年10月，行业调查公司Wireless Intelligence公布的数据显示，中国移动以6.8308亿用户和220.5亿美元高居世界第一大电信运营商的宝座，遥遥领先于排名第二位的跨国公司沃达丰，中国联通和中国电信也进入世界排名前10名。在全球10大电信运营商中，中国占据三席。

○中兴、华为：公司专利申请量名列世界前茅

据国家知识产权局2012年3月发布的“2011年我国国内企业发明专利授权量排行榜”，中兴通讯凭借3178件发明专利授权量，居国内企业第一位，华为以2751件名列第二。同时，中兴通讯2011年还以超过5000件国内专利申请量，同样占据国内企业榜首。

据世界知识产权组织(WIPO)2011年全球PCT知识产权申请状况报告，中兴通讯股份有限公司和华为科技有限公司于2011年分别提交了2826和1831项专利申请，排全球公司专利申请量第一和第三位。专利申请量体现了IT公司在技术创新方面的实力，这表明华为和中兴在某些领域已经具有了与跨国公司竞争的实力。华为还参与了全球首个正式商用4G网络的建设。

○中国新兴媒体企业不断发展壮大，正在走向世界

整体而言，中国新兴媒体领域积极引进国外资本，对外国企业开放市

场。与此同时，中国新兴媒体也在积极走向世界。新浪、搜狐、网易、百度、盛大游戏、酷6传媒、优酷土豆、当当网、奇虎360、人人公司等中国互联网企业相继在海外上市。

据《2012年中国互联网产业发展综述》报告统计，2012年，包括互联网接入和互联网信息服务在内的产业规模达到4500亿元，中国互联网上市公司的利润率和收入增速分别为33.7%和32.8%，高于全球市值前30名互联网公司的13.5%和27%。在金融危机影响持续、世界经济增长乏力的大环境下，中国互联网产业显露出巨大的发展活力，成为减缓经济危机影响的重要因素。

华为、中兴等企业不断在海外拓展贸易。目前华为在全球部署了130多张LTE商用网络和70多张EPC商用网络，数量位列全球第一。尽管美国等国家以各种理由在阻挠中国新兴媒体企业的收购，但“走出去”已经成为中国新兴媒体企业实力不断壮大的必经之路，是无法被阻挡的。

我国互联网服务已形成千亿元级市场，在网络门户、即时通信、搜索引擎、电子商务、网络游戏等领域，具备了一定的国际影响力，部分企业进入了全球互联网企业市值排名前列。互联网设备制造业快速崛起，不仅满足了国内发展需要，而且实现了海外拓展，尤其是高端路由器等产品跻身全球市场前列。

此外，在移动通信、门户网站、搜索引擎、即时通信、新闻网站、电子商务、网络购物、网络论坛、博客、微博、网络视频等诸多应用领域，人民网、新华网、中国移动、中国联通、中国电信、百度、腾讯、阿里巴巴、新浪、搜狐、网易、盛大网络、奇虎、优酷土豆等民族品牌已逐渐成长为新媒体世界的“强者”。2012年中国互联网信息服务收入前百家企业在2011年实现互联网信息服务收入约700亿元，利润总额为118亿元，利润率达到15%，其中利润总额超过1亿元的企业就有30家。

近年来，中国新兴媒体企业在全球的激烈角逐中不断发展壮大，至今已经形成了一批民族品牌，其中不少企业正努力走出国门，走向世界。当下，中国新媒体发展的民族品格正日益彰显。

2. 社交媒体日趋主流

2012年，Facebook成功上市引发全球热议，用户历史性地突破10亿，Twitter用户突破5亿，伦敦奥运会被称为第一届“社交奥运会”……所有这些都表明，社交媒体是当今全球新兴媒体市场最受人瞩目的热点之一。

中国拥有世界上最丰富的新兴媒体形态，而即时通信、微博、微信、博客、论坛、社交网站等社交网络已经成为新兴媒体最重要的应用。

○社交网络成为中国最重要新媒体应用

截至2012年12月底，我国互联网第一大应用即时通信用户规模达4.68亿，其中手机即时通信用户高达3.52亿，占手机上网用户总数比例高达83%。即时通信行业发展至今已历经多年，运营商凭借在市场中长期积累的经验，通过不断对产品功能进行更新，开创特色应用，增强了在网民中的渗透，并提高了用户黏性。手机即时通信的移动化、碎片化和随时在线的特点，进一步满足了用户的需求。在手机即时通信工具中，专为智能机设计的新型手机即时通信工具中视频和语音通话为产品带来更大的竞争优势，并吸引了越来越多的用户。

此外，新型手机即时通信逐渐从单纯的聊天工具发展成为一个开放平台，第三方开发者将应用接入平台中，在这个平台上，利用用户的社交关系，第三方应用可以得到快速传播。随着开放力度的加大，将会有越来越多的第三方应用整合至其中。

○中国是微博用户世界第一大国

依据CNNIC提供的数据显示，2010年我国微博用户达6311万人。 截至2011年12月底，中国微博用户总数达到2.498亿，成为微博用户世界第一大国。截至2012年12月底，我国微博用户数比去年同期增加近6000万用户，达到近3.1亿，网民使用率超过54%。微博已经走过数量扩张阶段，进入平稳增长阶段。但微博在手机端的增长幅度仍然明显，用户数量由2011年底的1.37亿增至2亿。值得注意的是，2012年有逾八成的微博用户通过移动端登陆访问。新浪微博注册用户数已突破4亿大关；腾讯微博注册账户则超过5亿，日均活跃用户数超过9400万；中国成为世界微博用户第一大国。

表六：2010年—2012年我国微博用户数量（单位：万）

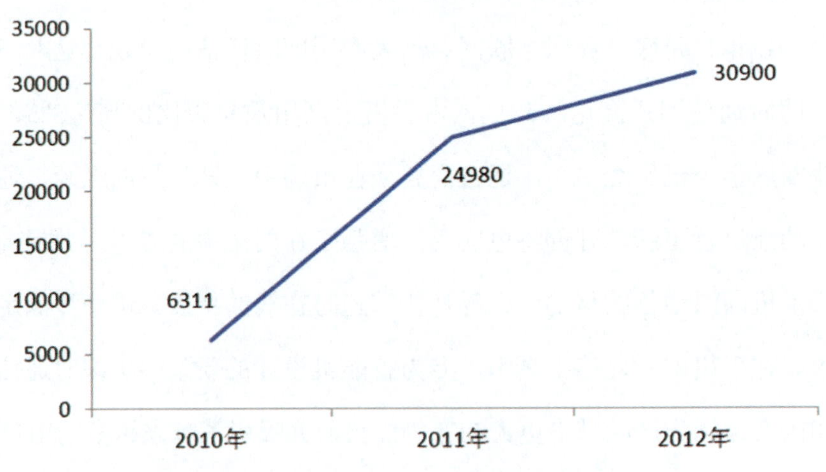

数据来源：中国互联网络信息中心（CNNIC）

○微信：网络社交新军

形态多样、用户庞大、功能强大的新兴媒体社交形态已经彻底颠覆了传统的社交方式。尤其是在网络移动化的大背景下，不断更新的移动社交新媒体正以各种形式成为主流。2012年，微信则成为网民青睐的社交网络新军。

微信是腾讯公司于2011年1月21日推出的一款通过网络快速发送语音短信、视频、图片和文字，支持多人群聊的手机聊天软件。用户可以通过微信与好友进行形式上更加丰富的类似于短信、彩信等方式的联系。微信在2012年发展迅速。2013年1月，腾讯公司宣布，推出不足两年的微信注册用户数量已超过3亿。

3. 视频类成为娱乐新方式

○高速发展的新媒体视频

经历2011年的井喷式增长之后，手机电视、网络视频高速发展的势头并未放缓。2012年5月，我国在线视频覆盖的网民数曾首次超过搜索服务，覆盖近96%的家庭及办公网民，月度覆盖小幅领先搜索服务约300万人；2012年第二季度，视频应用单人日均使用时长达35分28秒，成为了人均单日访问时间最长的网络应用。

用户的快速增长得益于网络环境的优化和视频内容的丰富。在内容方面，视频网站一方面强化台网联动，与电视台同步推广、播出电视剧和综艺节目，一方面在播放海外内容和自制节目方面受限较小，因而获得了相对优势。

表七：2011年—2012年我国网络视频用户数量（单位：亿）

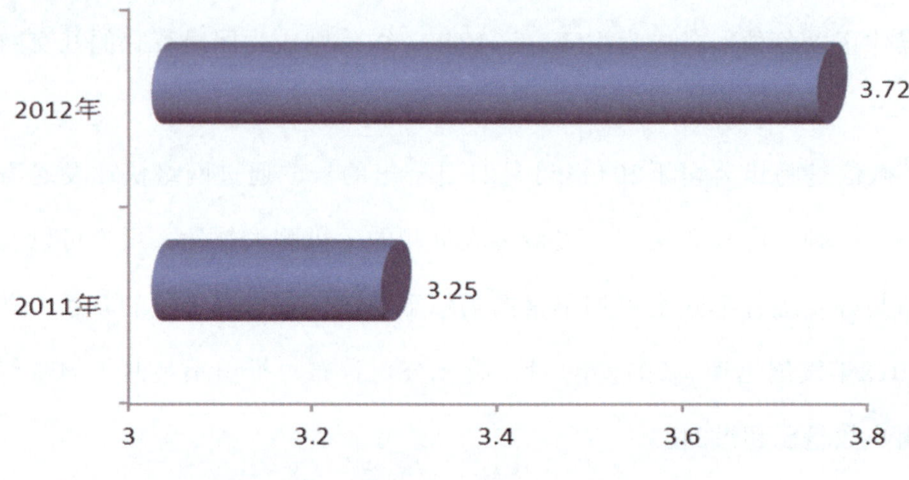

数据来源：中国互联网络发展状况统计调查

○竞争激烈的网络视频行业

网络视频是竞争最激烈的新兴媒体行业之一。2012年成为网络视频行业洗牌的一年，视频网站寻求出路，动作频频——优酷土豆换股合并催生国内最大网络视频企业，搜狐视频、腾讯视频和百度旗下的爱奇艺结盟组建“视频内容合作组织”，乐视进军电视机市场，百事通入股风行网，奇艺网携手央广新媒体公司和江苏电视台成立互联网电视合资公司，PPTV联手CIBN，56网与人人网深度整合，搜狐视频完成分拆，迅雷看看品牌独立……经过一年的剧烈变动，网络视频企业的格局逐渐清晰，影视剧版权大幅回落，行业进入到相对理性的竞争阶段。

○腾讯视频“异军突起”

2012年腾讯视频在新兴媒体视频应用中“异军突起”。腾讯通过门户、微博、视频三驾马车打造在线媒体的布局，视频是其中重要的一个平台，腾讯视频整合了腾讯网、腾讯微博、QQ空间、腾讯无线等打造的V+视频平台，在2012年获得巨大的成功。

腾讯视频始终坚持“海量正版，精品原创”八字方针，通过内容采买、自制出品、UGC拍客、布局产业上游、强化内容建设，发力并覆盖长视频、腾讯出品原创视频、UGC视频，全面满足用户的各种需求。2012年奥运期间，腾讯视频的原创节目质量和品牌影响力稳步提升，同时制作了《金牌第一时间》、《奥运父母汇》和《杯中话风云》等十档原创视频栏目，日均播放量超过2亿次，成为奥运媒体报道的最大赢家。腾讯宣布，2012年欧洲杯期间，腾讯网巨资获得了赛事转播权，同时通过自制栏目、独家访问、微博互动等多种形式成功将网友吸引到了腾讯网的大平台上。据统计，腾讯网欧洲杯专题页面整体UV日均352万，峰值734万；视频页面UV日均170万，峰值219万。此外，腾讯视频还将六大欧洲顶级足球赛事收入囊中，成为中国大陆范围内唯一独揽六项焦点赛事直播版权的媒体。

腾讯视频一直注重影视剧版权采买投入力度，构建内容丰富、优质、覆盖全面、广泛的大剧播放平台。目前，通过成功运营《粉爱粉爱你》、《夫妻那些事》、《北京爱情故事》、《宫锁珠帘》、《我是特种兵2》等内地独播及热播剧，腾讯视频已有61部电视剧播放量过亿，覆盖超85%的年度热门影视内容。原创内容一直是腾讯视频的核心竞争力，在腾讯视频诞生之初就被确立为未来的发展战略之一。目前，腾讯视频已陆续推出《某某某》、《美国那点事儿》、《豪门》、《爱呀幸福男女》等新闻、体育、综艺、财经类腾讯独家原创自制栏目，播放量屡次打破原创节目行业纪录，通过构建集大事件运营、海量视频资源等为一体的在线视频多平台，全方位地满足了用户多元化需求，并在用户规模上取得了行业领先地位。

从2011年3月至2012年10月，根据艾瑞iUser Tracker最新监测的视频服务10月综合服务数据显示，腾讯视频月度覆盖用户2.72亿，以领先优酷600万的优势继续保持月度覆盖用户单平台第一。除月度覆盖用户数之外，腾讯视频月度覆盖人数从7,296万人增长至原有的3倍多，列所有核心主流平台成长速度第一。另外，据Millward Brown的专项调研报告显示，腾讯视频在专业视频（新闻资讯、体育、综艺娱乐、财经等）几大领域的渗透率最高，排名行业第一。异军突起的腾讯视频打破了传统的网络视频行业格局。

4. 手机电视：稳中有升

近年来，我国电信运营商非常重视手机电视服务。2012年，中国移动、中国联通、中国电信的手机电视业务稳中有升。

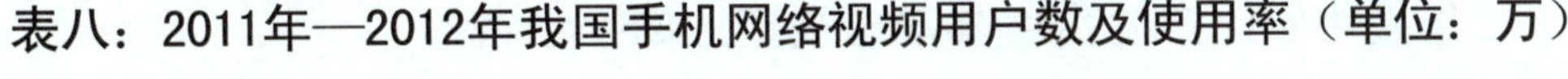

表八：2011年—2012年我国手机网络视频用户数及使用率（单位：万）

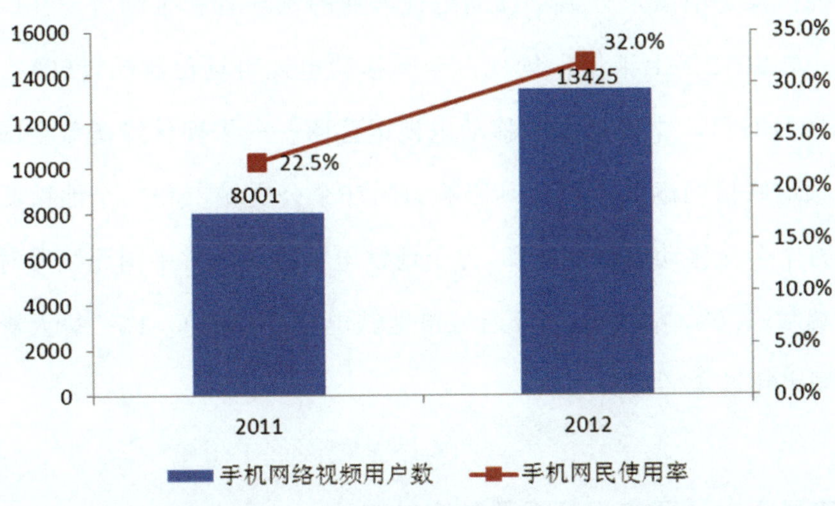

数据来源：中国互联网络发展状况统计调查

以中国电信的天翼视讯手机电视业务为例。截至2012年12月31日，天翼视讯手机电视业务总用户数已突破9200万，最高日流量突破12T。在流量经营上，年累计流量2218T，手机上网流量在C网总流量中位居前列，超越部分知名互联网企业，流量经营成绩显著。天翼视讯通过精心挑选、严格审查的优质内容，培养了用户付费收看视频的习惯，用户单月使用率已接近39次。

TV189作为天翼视讯公司的互联网视频服务门户也已在2012年取得长足发展。公司携手主流媒体开展的跨屏业务合作反映良好，包括数字院线和微电影在内的跨屏产品已实现内容业务的基本互通，形成了多屏同步互动的运营模式。12月TV189页面点击量（PV）达1836万次，月独立访问量（UV）达286万户。

○华视传媒：户外数字移动电视产业的推动者

华视传媒是中国户外数字移动电视产业的领导者和推动者。在广告经营收入上，2012年上半年，华视占全国移动电视市场份额超过60%。截至2012年12月31日，中国最大的移动电视运营商——华视传媒覆盖全国的移动电视频道联播网涵盖中国最具影响力的76个公交城市和10个地铁城市，拥有16万个公交移动电视终端和7万个地铁电视终端，占中国无线发射技术播放终端数81.6%，占中国已开通城市地铁电视终端数93.1%；每天影响中国主流城市超过4亿消费人次。

○四屏合一：网络视频重要的突破口

从终端来看，随着三网融合的平稳推进，电视、电脑、智能手机、平板电脑四屏合一已经成为网络视频重要的突破口。随着视频用户的分流，四屏格局已经形成。在这一趋势的引领下，家电、IT、互联网展开了混业竞争：TCL、创维、海信等电视品牌相继推出智能电视产品；联想面向中国市场正式推出首批K系列的智能电视，可与智能手机、平板电脑、个人电脑等其他终端互联互通、实时同步、分享内容；乐视网推出“超级电视”，为其全产业链添最后一屏，实现全屏幕覆盖；优酷网布局“四屏联动”，针对不同终端用户量身打造产品。

○2013年将成为移动视频商业化元年

随着智能手机、平板电脑等移动终端产品的普及，越来越多的用户已习惯通过移动终端观看视频填补碎片时间。2012年，优酷来自移动终端的流量迅猛增长，截至年底移动端流量已经超过优酷土豆总访问量的20%。2013年新年伊始，优酷移动端视频日播放量率先突破1亿。2013年将成为移动视频商业化元年，并成为新的发展趋势。

5. 移动媒体改变阅读方式

○手机改变阅读方式

2012年，我国智能手机出货量首次超越功能机，移动网民规模首次超过台式电脑上网用户数量，人们通过手机获取资讯的方式也相应发生了从手机报到客户端的转变。2012年4月23日，“文明中国”全民阅读活动启动仪式在京举行。在启动仪式上，中国新闻出版研究院发布了第九次全国国民阅读调查的最新成果。第九次全民阅读调查报告显示，2012年我国全民阅读率小幅攀升，电子阅读影响力在逐渐加大。

根据国家新闻出版总署（今“国家新闻出版广电总局”）公布的数据，2006年以来，数字出版产业规模不断壮大，市场规模从2006年的213亿元发展到2011年的1378亿元，年复合增长率达到45%。据统计，2007年至2011年中国手机阅读市场规模呈现出30%以上的复合增长率。预计未来几年，手机阅读将继续保持高速发展态势，到2015年用户规模将达到7.6亿户，收入近100亿元。

易观智库发布的2012年上半年新闻客户端市场研究报告显示，2012年第一季度，手机报模式收入占中国手机阅读市场收入份额首度跌破一半至47.72%，而两年前其占比还高达88.57%。手机报主导移动资讯阅读的时代谢幕。

根据中国互联网络信息中心统计，2012年“手机上网浏览新闻”位居手机网民各类应用使用率的第三位，用户通过手机获取资讯的需求依然强劲，只是方式转向丰富多样的移动阅读客户端。

○各种媒体发力手机阅读应用

从信息传播的角度看，APP是内容提供者在移动终端上采用的最重要传播方式。因此众多新闻媒体和网络媒体纷纷抢占这一新的市场。

由传统媒体机构、互联网企业等开发的客户端取代了手机报的地位，并在信息量、互动性、自主性、表现力等方面全面超越后者。传统媒体开发的品牌类应用如新华社新闻、三联生活周刊，传统互联门户网开发的聚合类应用如网易新闻、搜狐新闻，以及独立厂商开发的资讯阅读工具如鲜果、Baker等，针对差异化的用户需求，分享移动阅读市场。2012年是这些应用集中发力的一年，聚拢了大量用户。

○中国电信打造移动阅读平台

中国电信集团公司近年来积极发展数字阅读业务，并先后成立了天翼视讯传媒有限公司和天翼阅读文化传播有限公司作为中国电信实现新媒体战略的音视频和阅读平台。经过3年多的发展，天翼视讯和天翼阅读已迅速积累了一大批忠实用户，并始终致力于将公司打造成中国最大的收费视频平台和最受欢迎的中文阅读服务提供商。2012年，天翼阅读用户和业务取得了“飞跃式”发展。用户数从年初4000万到年底突破1亿；全年用户自订购收入过亿，同比增长8.3倍；天翼阅读有声读物1.44万部，成为国内类目最全、时长最长的正版有声读物平台。

○腾讯新闻客户端：极具潜力的互联网新闻应用

腾讯新闻客户端自上线以来，以快速的推送速度、界面友好、内容专业原创、视频图片优势得到了用户普遍认可，用户数量、活跃度和口碑都在同类软件中名列前茅，一直保持着在App Store新闻软件排名前三位。

2010年10月，腾讯新闻客户端的第一个版本在苹果商店上架，是国内最早推出客户端产品的新闻门户之一。

2012年4月11日，腾讯对新闻客户端进行了升级，由1.2版升级到2.0版，在此版本之中，腾讯新闻客户端基于产品功能、交互设计、内容框架，进行了大量创新。

2012年7月15日，2.3版本正式上线，新增奥运频道，同时在同类产品中率先推出视频频道。视频无需跳转，可实现页内直接播放。

2012年9月17日，腾讯新闻客户端推出iPhone2.4版本，一经上线就冲入APP Store免费榜前20的优势位置。

腾讯新闻客户端产品面世不到一年便发展用户达千万，成为同类产品中的佼佼者。凭借出色的产品性能与大众口碑，腾讯新闻客户端屡获荣誉。2012年12月14日，腾讯新闻客户端在广东互联网大会上，获得“最佳移动广告价值媒体奖”；12月21日，在2012 DoNews互联网年度颁奖盛典上，获得“移动互联网年度最具潜力应用奖”；12月25日，又在2012移动互联网年会上斩获“2012年优秀移动互联网应用奖”。

6. 提供个性化阅读服务的搜狐新闻客户端

搜狐新闻客户端是搜狐公司出品的一款为智能手机用户量身打造的“订阅平台+实时新闻”阅读应用，是全国首个提出个性化阅读服务的新闻客户端。

截至2012年11月，搜狐宣布其新闻客户端总装机量已突破5770万，日活跃用户突破1400万。搜狐新闻客户端订阅平台总订阅量突破1.6亿，刊物数超过130家，是中国最大的免费移动新媒体发行平台。在2012年底作为唯一新闻类APP入选APP STORE 2012年度精选榜单免费TOP100。

○电子书市场不断壮大

2012年，我国传统电子书阅读器企业表现平淡，继2011年爱国者和方正相继放弃和收缩硬件业务之后，电子书阅读器的先驱者和领头羊汉王科技2012年中财报显示，其电子书产品亏损1137万元。

但在平板电脑等终端的刺激下，电子书市场却不断壮大。众多新的市场参与者加入，推动了数字出版和电子阅读的加速发展。移动运营商势头凶猛。三大运营商各自的移动阅读平台在营收方面几乎垄断手机阅读市场——中国移动的“手机阅读”截至2012年9月，月访问用户超过8500万，日页面点击量接近5亿次，预计年度营收将超过25亿元；截至2012年12月，中国电信的“天翼阅读”用户规模突破1亿，月均自营收入1000万，年度自营收入将突破1亿；中国联通的“沃阅读”截至6月读者用户累计1.56亿，月均访问量达5亿次。

2012年,国家新闻出版总署与中国联通签订《推进数字出版产业发展战略合作备忘录》，根据双方签署的协议，新闻出版总署将支持中国联通为国内新闻出版企业提供网络技术和数字产品运营服务，参与数字出版业务相关经营活动，并依法取得开展数字出版物网络传播业务的资质。同时，新闻出版总署支持新闻出版企业与中国联通建立战略合作关系，支持中国联通沃阅读运营中心开展数字阅读平台的建设和运营，倡导新闻出版企业成为中国联通沃阅读运营中心的全面合作伙伴，支持作品在中国联通沃阅读平台的首发。至此新闻出版总署完成与中国三大通信运营商在数字出版领域的战略合作，凸显运营商在数字出版产业中的重要地位。

2012年，新商家的出现促进了电子书竞争的激烈。电商群起加入竞争。2011年底，当当电子书平台“当当数字馆”上线，打响国内电商巨头进军电子阅读领域第一枪；2012年2月，京东商城宣布，正式启动电子书刊业务，销售平台与智能手机、PC阅读客户端软件同步上线，产品包括“电子书、网络原创、数字杂志、多媒体图书”；2012年11月，苏宁易购上线电子书项目，号称与近1000家出版社和原创文学网站建立了合作关系，首批引进电子书近5万册；而年终亚马逊Kindle即将入华的消息传出，不仅意味着阅读器市场可能面临新一轮洗牌，对整个产业链的推动作用也值得期待。电商的集体入场大大拓展了电子书的销售渠道，有助于做大电子书市场的蛋糕。

○网络出版平台步入正轨

2012年，网络出版平台步入正轨。盛大文学第一季度首次实现季度盈利，本年度收入预计将超过10亿，利润达到1个亿，这被视为数字出版步入良性期的标志。

新的出版平台不断涌现。2012年豆瓣阅读、多看书城、唐茶字节社等一批平台亮相，依靠对图书品质和用户体验的追求赢得了市场空间。网易阅读升级“网易云阅读”，除了聚合互联网资讯的阅读应用，还整合了书城功能，拥有10万多本热门图书。这些新平台为正版付费阅读提供了更丰富的选择。

7. 网络购物竞争白热化，移动支付时代来临

表九：2011年—2012年我国网络购物用户数及使用率（单元：亿）

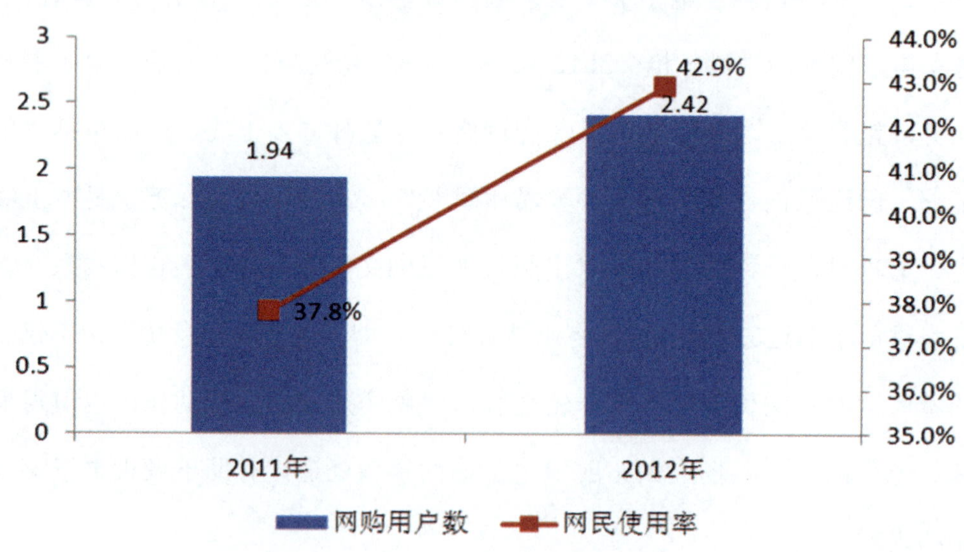

数据来源：中国互联网络发展状况统计调查

据CNNIC对中国互联网络发展状况的统计调查，截至2012年12月，我国网络购物用户规模达到2.42亿人，网络购物使用率提升至42.9%。与2011年相比，网购用户增长4807万人，增长率为24.8%。在网民增长速度逐步放缓的背景下，网络购物应用依然呈现迅猛的增长势头，2012全年用户绝对增长量超出2011年，增长率高出去年同期4个百分点。我国团购用户数为8327万，使用率提升至14.8%，较2011年底上升2.2个百分点。团购用户全年增长28.8%，保持相对较高的用户增长率。

电商之争几乎是贯穿2012年互联网主旋律之一。2012年年初，淘宝商城正式更名为“天猫”。10月，腾讯旗下电商易迅网宣布以10亿元巨资杀入重庆和成都，旨在赶超京东商城。1号店转由沃尔玛控股，双方深度整合。网易也推出保健品及营养品网销平台。2012年，淘宝和天猫的交易额突破1万亿元，相当于2011年全国社会消费品零售总额的5.4%。

2012年11月11日“光棍节”撞上周末，引爆了电商行业“2012年最后一场价格战”。天猫、苏宁易购、易迅网、优购网、京东商城、1号店、国美等多家电商引领购物狂潮。“双十一”活动当天，支付宝有超过1亿笔的交易量，成交额高达191亿元。

据CNNIC统计，2012年中国网络购物市场交易规模达13040.0亿元，较2011年增长66.2%，在社会消费品总零售额的占比达到6.2%。网络购物热还带动了快递业和网络支付的兴起。例如淘宝网日均包裹量近800万件，占全国快递总量的60%左右。网上银行和网上支付用户均达到2亿，成为2012年增长最快的应用。艾瑞咨询的统计数据显示，2012年中国支付行业互联网支付业务交易规模达36589亿，同比增长66%，其中第四季度交易规模突破万亿，达10650亿。

表十：2011年—2012年我国手机网络购物用户数及使用率（单位：万）

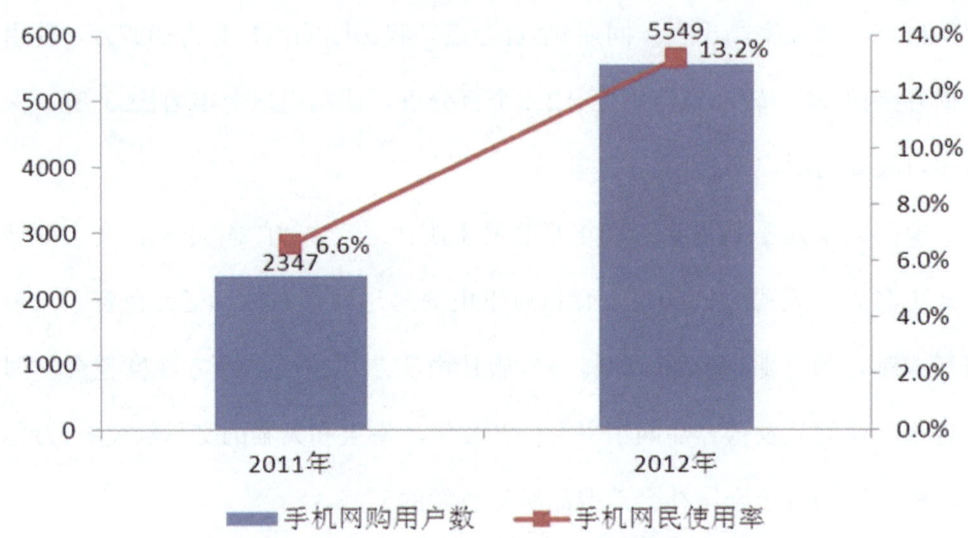

数据来源：中国互联网络发展状况统计调查

移动支付时代也宣告来临。中国联通携手招商银行，推出了首个手机支付产品；中国银联与UC优视合作，推出基于UC浏览器的银联移动安全支付解决方案；中国邮政储蓄银行针对农村用户需求，推出农村手机支付业务“汇易达”；2012年6月，中国移动宣布将与中国银联合作，将在2013年推出NFC（近距离无线通信）移动支付服务。2013年1月，央行发布了中国金融移动支付系列技术标准，涵盖了应用基础、安全保障、设备、支付应用、联网通用五大类35项标准，移动支付正式进入规范化发展轨道。

电子商务还将保持强劲发展，未来5年移动购物交易规模将突破5000亿元，主体电商将与网商共处、共赢，全供应链电商将成为主流。

8. 网络游戏，文化传播的重要载体

网络游戏是我国10年来创汇最多的文化产业，带有中国文化特色的网络游戏已经成为我国文化传播的重要载体。

依据中国互联网络信息中心（CNNIC）和艾瑞咨询公布的数据，目前我国自主研发的网络游戏已经覆盖100多个国家，5000多万人口，10年累计创汇10亿美元。2012年前8个月累计创汇收入达到4亿美元，预计2012年底创汇将达到6亿美元，2013年将达到10亿美元。

表十一：2011年—2012年我国网络游戏用户数及使用率（单位：万）

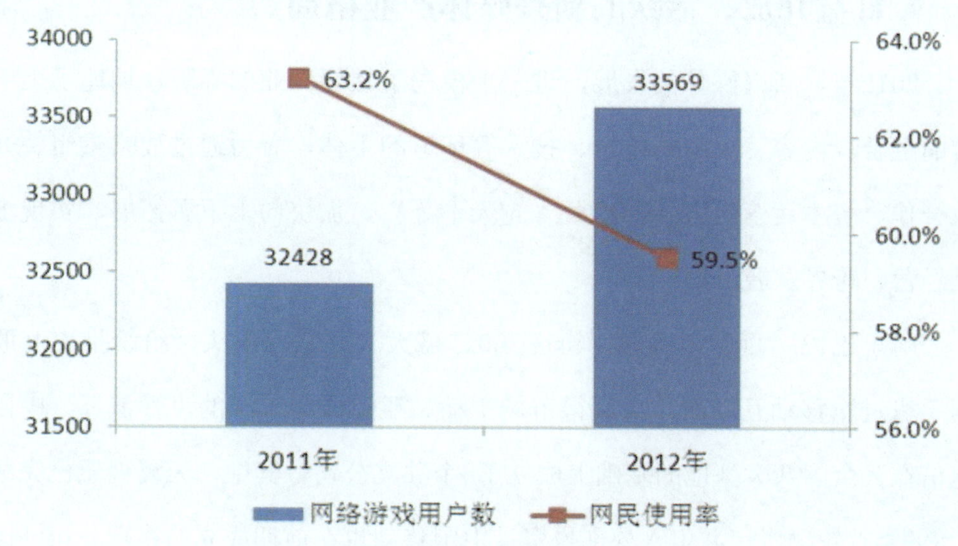

数据来源：中国互联网络发展状况统计调查

随着中国网络游戏市场的日益成熟，开发具有民族特色的网游文化产品已经成为行业挖掘潜力、拓展海外市场的重要选择。

网页游戏的发展，尤其是电商企业涉足游戏产业，开通在线游戏频道，将会极大地促进游戏行业发展，对市场格局产生影响。继淘宝、京东商城之后，当当网也上线了在线游戏频道，并和多家网页游戏开发商展开联运合作。目前我国的网络游戏行业以引进、代理的游戏产品为主，从技术上并不存在绝对的门槛，网商企业又具备巨大的网民资源，从平台的兼容上也不存在技术上的障碍。因此，随着电商企业介入网游行业，以及自主研发的游戏产品竞争力的展现，传统的以游戏为主的部分企业将会受到冲击，同时网络游戏行业的市场格局也会受到影响。

9. 日益开放、活跃的新兴媒体产业格局

2012年，新兴媒体的发展，进一步模糊了软硬件业的界限，加速了上下游的融合。内容、渠道、平台、技术等环节的主体，着力通过战略重组、开放合作、资本运营等方式，摆脱“先天不足”，加快向上下游拓展，实现多元经营、跨界发展。

阿里巴巴、百度、腾讯、奇虎360、盛大等互联网巨头，纷纷推出互联网手机进军移动互联网。为赢得市场主动、避免成为单纯的“管道”，中国电信在其全国八大基地的基础上成立了8个独立公司，其中，天翼视讯已完成3.8亿元首轮融资，并引入外部投资；中国移动也在前期成立的终端公司、国际公司等探索基础上，正式提出了建立专业互联网公司的设想。同时，新华

社成立新媒体中心，加快新兴媒体建设步伐，着力打造现代传播体系；国内诸多媒体提出了“全媒体战略”……传统媒体、出版业等秉持“内容为王”理念，力图摆脱简单的内容生产者和提供者的角色，向综合信息服务运营商方向发展，以求争得更大的市场份额，避免受制于人。

2013年1月10日，在世界瞩目的CES展上，华为终端宣布与百视通新媒体股份有限公司（BesTV）达成战略合作。华为终端和百视通公司将会在视频解决方案、市场推广、技术等方面形成全方位合作关系，实现端云协同，从而为用户提供更好的体验。根据双方达成的战略，双方将优先在中国市场进行合作，未来将借助华为终端的全球化实力，把成功的合作模式推广到全球市场。华为终端与百视通公司的战略合作，开辟跨产业领域合作的一种新模式，它将是智能终端对用户服务的延伸。把百视通资源植入华为终端，不仅能让华为终端给用户提供更好的音视频体验，同时也能提升华为终端的品牌竞争力。

百视通新媒体股份有限公司（BesTV）是中国领先的新媒体视听业务运营商、服务商，拥有强大的视听内容创意与生产、交互产品研发与应用、新媒体管理与运营的综合优势；同时百视通在IPTV技术方面拥有业界领先的运营管理平台，在中国IPTV产业中处于领先地位。根据华为终端与百视通公司达成的战略合作，双方接下来将成立联合项目工作组，华为终端将为百视通提供系列化的终端产品，帮助百视通构建视频整体解决方案，由百视通进行销售和业务拓展，并实现视频业务的运营。同时双方合作的产品、解决方案可以在各自渠道进行推广和销售，或者进行联合营销。

2012年，我国搜索引擎用户规模继续随网民数量的提升而扩张，虽然发生了奇虎360进军搜索引擎搅起纷争等事，但对于一般用户而言，并没有发生太多改变。根据CNNIC的报告，截至2012年6月底，搜索引擎用户规模达到4.29亿，是仅次于即时通信的第二大网络应用。2012年，搜索领域迎来新军。奇虎360进军搜索市场，上线5天拿下国内10%的搜索市场份额，超越搜搜、搜狗成为国内第二大搜索引擎，搅动了稳固的市场格局。此外，腾讯搜搜拆分退出PC搜索市场竞争，搜狗回购股权意在独立上市，中搜推出“第三代搜索引擎”，“第一个社会化搜索引擎”云云网正式上线，盘古搜索、即刻搜索蓄势待发；移动搜索、社会化搜索、开放搜索平台等成为过去一年中搜索引擎行业发展的关键词。

四、新兴媒体发展大势下主流媒体积极作为

四、新兴媒体发展大势下 主流媒体积极作为

新兴媒体时代，传统媒体的衰落成为一个热点话题，实际上，在大众传播格局发生彻底转型的态势下，主流媒体当更有作为。中国主流新闻网站2012年也加快了改制上市步伐。中国主流媒体已经开始由传统媒体转向新兴媒体，由事业转向企业，由提供内容转向提供产品与服务，顺大势而积极作为。

1. 新兴媒体时代，主流媒体应更有作为

新兴媒体时代，互联网和移动终端的普及，重组了报业业务结构、阅读习惯和信息的交互方式，传统媒体的衰落成为一个热点话题。2010年12月后，美国第三大新闻周刊《美国新闻与世界报道》停止印刷。德国《金融时报》也于2012年12月正式停刊。2012年10月，美国第二大新闻杂志《新闻周刊》正式宣布将全面实现数字化，并将于2013年1月1日停刊纸版。2013年开始，《新闻周刊》的全球数字化版本《全球新闻周刊》正式与读者见面。

2012年，网络新闻是中国互联网第四大应用，中国仍有近4亿的网络新闻用户。在新兴媒体世界，新闻仍然是用户最大的需求之一。这说明，网络媒体时代衰落的只是“纸”而不是新闻信息。问题在于新闻的载体由印刷的“纸”转向移动的“屏”。新媒体时代，主流媒体只要适应新的传播方式，

就能获得新生，就能更有作为。

中国主流媒体在新闻信息传播方面仍然具有巨大的优势。例如，国内外重大事件和活动历来是网络媒体倾力报道的重点，中共十八大宣传报道无疑是2012年重中之重。人民网、新华网、中国网络电视台、光明网等重点新闻网站充分发挥自身的信息优势，引领网络媒体利用多种传播平台，以空前的规模和丰富的手段，进行了全方位报道。据统计，全国网站共开设专题专栏1760个，发布稿件近10万篇，图片7万余幅，音视频报道2.2万余条、34万分钟，组织在线访谈455场次，十八大开幕当天网站总浏览量达5.5亿次。

神舟九号成功发射并与天宫一号成功对接、“辽宁号”航母服役、歼15舰载机成功试飞、载人深潜器“蛟龙”号创下潜深度纪录等科技、军事领域中的一项项新成就，以及莫言获得诺贝尔文学奖等文化领域重要事件，网络媒体均给予了最及时、详尽的报道。

2012年是新华网深度转型、转制上市的攻坚之年。在全社加强新兴媒体建设、加快构建先进强大的现代传播体系的背景下，新华网紧紧抓住以新闻信息报道的影响力、传播力、引导力为核心的内容主线，和以新媒体新产品为核心竞争力的市场主线两条生命线。新华网强化“权威声音 亲切表达”报道理念，以创新的思维和实践推动新闻板块升级，权威性、公信力及领先地位进一步巩固，被评为“最受信赖的新闻网站”、“最具影响力新闻门户”。截至2012年12月31日，新华网国际排名为第176位，全年单日排名多次突破130位，最高达到第105位。在各类重大报道中均保持新闻宣传和主流舆论强势，党的十八专题报道最高流量达到57.4G，保持着在中央重点新闻网站中的领先地位。

网络媒体对2012年伦敦奥运会的报道，更是从市场布局到赛场报道作了精心策划，将自己最大的优势发挥出来。如中国网络电视台（CNTV）对电脑、手机和电视三屏融合的全媒体业务进行了整体布局，将以往“奥运+电视”的模式向“奥运+全媒体”方向转变，赛事的大众传播模式将向着用户定制、用户参与的模式转变。在现场报道方面，CNTV和中央电视台一起，向前方派出多达500名记者和30个采访组的庞大报道团，进行了5600个小时的奥运赛事直播，其中4300个小时是电视上没有的。CNTV的口号是：“不在现场，就在中国网络电视台”。

2. “新、旧”主流媒体转向移动化传播

在移动新媒体时代，转向移动化传播是大势所趋。2012年，根据美国审计联盟的调查，北美210家报纸杂志中已有87%在移动平台上发布应用。

2012年，中国“新、旧”主流媒体都在试水探索向移动互联网转型，开发移动客户端、推出定制平板电脑、利用二维码拓展纸媒空间是众多传统媒体的共同选择。

“新华炫闻”是新华网按照移动互联网设计理念设计的，全新打造的新一代、全方位、多媒体的移动客户端，致力于为广大用户提供快速、深度、个性的顶级手机新闻资讯服务。从产品功能来看，“新华炫闻”充分整合短信、彩信、WAP和客户端全媒介表现形式，将海量的资讯信息通过碎片化包装，充分地满足了用户利用碎片时间使用手机阅读新闻的习惯和需求。短、彩信推送满足了信息快速、实时的传播要求。为了打造精品，新华网一方面大力优化内容的编审流程，搭建专业信息处理平台，以提高信

息处理的能力和效率；另一方面为用户的个性化内容订制、碎片时间阅读提供了多项选择，用户自主订制信息后，系统后台将自动分析用户的使用习惯和数据，为用户实时推送其感兴趣的个性化资讯内容，从而实现精准化运营。两会、伦敦奥运会、十八大会议期间，“新华炫闻”均开辟了专题专版，用户在各种移动互联网终端均可及时迅速地通过文字、图片、视频等方式获取最新资讯。“新华炫闻”客户端下载量超过8万次，日访问量达300万，传播效果突显。2012年12月，“新华炫闻”荣获“2012年度最佳转型移动媒体”奖。“新华炫闻”将成为新华网在移动互联网时代“权威声音、亲切表达”的重要载体之一。

传统媒体仍然将移动客户端作为内容产品化的有效途径。在美国，87%的媒体都有iPad应用。而在国内，目前几乎所有知名的媒体也都能在iPad上找到。《新华图cool》、《玩赚彩票》、《新华舆情》等3份手机报集体上线，成功开辟无线业务新赢利点，系列手机报用户数突破200万。与中国移动手机阅读基地合作推出《新华头条》、《微天下》、《原点》和《炫图》4本电子杂志，全年累计下载达12万次。

在大多数应用仍然免费的时候，《第一财经周刊》一直坚持收费策略，并在两年间获得了25000位订阅用户，而《三联生活周刊》、《财经杂志HD》等财经类和时政类的杂志应用亦在本年加入到收费的队伍中。这些应用虽然获得了一定数量的用户和收入，但仍然无法和门户开发的综合类新闻应用客户端相匹敌。对传统媒体来说，移动客户端是否能够作为一种独立的业务形态存在，仍然需要时间检验。

2012年，传统媒体定制平板电脑的尝试仍在继续。《读者》杂志推出包括平板、液晶触摸一体机在内的多款数字化新品，平板以内置《读者》杂志30年期刊的电子版本为主要卖点。

作为将信息从线下延伸到线上的工具，二维码在2012年获得了报业的青睐。2012年11月，光明日报在十八大报道中运用新媒体、使用新技术、报网融合，在十八大专刊中创造性地刊出了手机二维码。广大读者使用手机扫描之后，可以便捷地进入到光明网的十八大专题之中来了解更多内容和参与互动。《三晋都市报》借助二维码打造全媒体报纸，“让读者实现图文并茂、动静结合的阅读梦想”。《南京晨报》借助二维码综合应用项目“码上晨报”，为读者带来“带到新闻现场”、“见证新闻进程”、“参与新闻互动”、“提供无穷链接”、“享受贴心服务”等阅读享受。《楚天都市报》上线“魔码”，变身“魔法报纸”。《京华时报》跳过二维码，技术上升级采用图像识别技术，推出“云报纸”，用户可以下载“京华云拍”应用拍摄京华时报纸质报纸，“完成从报纸到互联网的平滑阅读”；《江南时报》紧随其后，创刊“江南地产云周刊”。

3. 新闻网站开启上市潮，主流媒体网站市场化改革加快

2012年伊始，主流媒体网站加快了改制上市大潮。人民网一马当先，于4月27日成功登陆上海证券交易所，创造了中国资本市场的两个第一：第一家在国内A股上市的新闻网站，第一家在国内A股整体上市的媒体企业。当日，人民网以近200%的超募比例登陆上海证券交易所，开盘大涨

55.05%并最终以上涨73.6%收盘。人民网上市标志着2009年启动的新闻网站转企改制经过几年的酝酿初见成果。

2009年9月，中央外宣办印发《关于重点新闻网站转企改制试点工作方案》，将十家重点新闻网站列入试点，要求建立现代企业制度，实行股份制改造，运用上市融资等经济手段，增强综合实力；2010年，新华网、人民网等第一批试点网站转企改制工作基本完成，第二批8家中央新闻网站和32家地方新闻网站的转企改制时间表设定；2012年初，新闻网站上市序幕终由人民网开启。与其他上市传媒概念股或互联网公司不同，作为第一家采编与经营“整体上市”的新闻媒体，人民网对之前政策限制的突破意义重大，具备“独立采编权”的采编队伍被视为最核心竞争力。

2012年度新闻网站也在继续寻求产品业务和商业模式的多元化。

新华网技术研发力量不断壮大，新产品、新应用陆续上线投入使用，九项应用系统获得软件著作权，“新华云盘”获“2012年度中国最佳云体验应用服务”奖。经过一年的探索，新华网舆情产品逐渐找准了以舆情分析研判为基础、提供智库类综合信息服务的市场方向，形成了“2系统+3平台（终端）+4类研究报告”的产品与服务体系，为取得良好的市场份额打下坚实基础。

光明网创新“光明云媒”和云端读报等移动阅读产品。2012年5月，“光明云媒”推出采用Html5技术的2.0版。光明云媒还通过与中国联通、海信电视、高德导航等合作，进入了可视电话、有线电视、车载导航等领域，先后在北京联通可视电话、南京和铁岭的有线电视、奥迪的车载导航等平台上落地，成为最成熟的三网融合的新闻产品形态。“光明云媒”已向江苏南京40万、辽宁铁岭近35万有线电视用户提供服务，并与中国国际广播电台开展10万机顶盒预装合作，为北京联通可视电话10万用户提供服务；“云端读报”已与HTC、华为、联想等10多家厂商合作，目前总装机量260万左右，活跃度约33%，在同类产品中比例较高。到2012年底装机量达1000万，2013年已经签订预装协议总量为4200万。“云端读报”被国家互联网信息办公室列为本年度重点支持的三大项目之一。光明网申报的《云端读报”移动新闻出版平台下一代互联网应用建设项目》，已获得国家发改委批复。

2012年2月，东方网投资成立的上海市电子商务集成服务平台正式签约。该平台以综合电子商务运营为载体，集一站式注册、搜索、导航、导购等服务于一体，打造涵盖网络购物、大宗贸易、跨境贸易等各类电商模式的上海超级电子商务平台。平台将为注册和备案在上海本地的专业电子商务网站、集成平台服务企业提供电商产业链服务。

2012年4月10日，中国网络电视台（CNTV）与维亚康姆传媒集团合作共建的MTV中文台视频官网正式上线。此次合作，CNTV作为MTV音乐台国内独家官方视频播放站点，引入MTV音乐台核心节目资源，丰富版权内容，实现对互联网用户影音娱乐需求的深度覆盖。维亚康姆传媒集团依托CNTV机构联盟开放合作平台，首度实现在国内新媒体领域的用户渗透。官网以《天籁村》、《光荣榜》等6大热播栏目全年800余期节目为主要内容源，根据各栏目收视排行，结合网络影音热点，突破常规编排进行横向推荐和垂直运营，并提供快速检索功能。同时，通过新媒体与电视媒体联动推广方式进行内容延伸传播，推进品牌建设，打造全媒体时代开放平台合作示范站。

人民网的成功上市将引领新闻网站上市潮。通过上市加入市场竞争、商业化运作、多元化发展，2013年，我们有望看到更有活力的新兴媒体“国家队”。

4. 中央新兴媒体力推微传播

新兴媒体时代的中国，存在两个重要的舆论场。一个是党报、国家通讯社、国家电视台等“主流媒体舆论场”，一个是基于互联网的“网络舆论场”。

2012年，微博“国家队”异军突起，新华通讯社、人民日报、中央电视台等央媒齐发力，在微博舆论场尝试主导“微话语权”，以有效打通两个舆论场。

2011年起，新华社开通新华通讯社@新华视点、@新华社中国网事、@新华欧洲、@新华广东快讯等一系列账号形成了微博矩阵，以重大新闻的第一时效和焦点事件的权威评论为特点，在南航空姐被打等一系列事件中，以独家权威的采访和掷地有声的评论成为微博上重要的一支声音。新华社的新华视点、中国网事等早已成为广有影响的媒体微博。

《人民日报》在2012年7月22日开通新浪微博法人账号@人民日报。该微博在北京暴雨、启东事件、巧家爆炸案、宁波PX项目等事件中发出声音，因其不回避敏感话题，评论犀利，观点鲜明，文风清新，赢得了网民的认可。

上线一周后该博粉丝数就突破15万，一月后突破64万，43天后突破100万人，不足4个月突破280万，粉丝数量超过了《人民日报》的订阅量。

此外，中央电视台的@央视新闻和@央视评论员，中央人民广播电台的@中国之声等也都在微博舆论场发挥了积极作用。2012年12月31日，也是《经济日报》创刊30周年的前一天，经济日报法人微博上线，进一步壮大了央媒微博队伍。

截至2012年12月29日，央媒新浪微博账号粉丝数分别为：

@新华视点，367万；

@人民日报，346万；

@中国之声，342万；

@新华社中国网事，160万；

@央视新闻，144万。

中央媒体微博的崛起，改变了主流媒体应对网络热点时迟钝和失语的状态。在一系列热点事件中，央媒微博敢于直面问题，揭示事实真相，维护社会公正，贴近性、灵敏度和说服力大大增强，赢得了公众的认同，延伸了舆论引导能力。

五、成长的新兴媒体：中国社会进步的新力量

五、成长的新兴媒体：中国社会进步的新力量

2012年，日益呈现网络化、全球化、全民化、移动化、融合化、社会化发展的新兴媒体已经成为人类有史以来最强势的媒体，并深深“植入”中国政治、经济、文化、社会领域，不断拓展功能的新兴媒体与社会的融合在深化，已经成为全面推动中国社会成长的新力量。

1. 新兴媒体成为中国政治发展加速器

○党和政府更为积极主动地运用新媒体提高执政能力

在政治领域，新兴媒体极大拓宽了党和政府与人民群众的联系渠道，网民表达、建议、批评、监督的方式日益多样，网络问政、微博反腐成为热点，党和政府也在积极开设微博、推行网络政务公开，以主动运用新兴媒体提高执政和服务社会的能力，新兴媒体深刻地改变着政党的执政方式和人民大众的参政议政形式。

中国共产党更为积极主动地运用新媒体。2012年6月30日，在中国共产党成立91周年到来之际，中央组织部在北京举行共产党员网、共产党员电视栏目和共产党员手机报开通仪式。习近平同志在视察共产党员网建设情况时明确提出“哪里有共产党员，共产党员网就要努力覆盖到哪里，并突出党员意识教育和宣传，让每个党员都牢记自己的共产党员身份”。共产党员网由中

组部党员教育中心联合央视网共同主办，是面向广大党员、干部、群众的网络学习平台，域名为www.12371.cn。共产党员网致力于服务400多万基层党组织，针对8000多万党员的学习需求，建设全国基层党组织和共产党员的学习平台、交流平台、服务平台和表彰平台。

2012年11月5日，中共首都互联网协会（原“北京网络媒体协会”，2012年8月更名）委员会在京成立，这是全国互联网业界组织成立的第一个党委。目前北京属地建立中共党组织的重点网站共有9家。百度、新浪及第一视频成立了党委，千龙网成立了党总支，首都之窗、空中网、开心网、奇虎360及优酷网成立了党支部。北京地区26家主要网站现有党员已达到2680人。

○政务微博成为网络问政的重要平台

2012年，政务微博成为网络问政的重要平台，党政机关进一步推广政务微博，积极运用微博客等新兴媒体服务社会、联系群众。

2012年1月18日，中宣部副部长、中央外宣办、国家互联网信息办公室主任王晨在国新办新闻发布会上明确表示，微博客是信息交流、提供服务的重要平台，对于党政机关开设政务微博应积极支持。他还指出政务微博要实实在在为群众提供服务，不要搞形式主义的东西。9月初，国家互联网信息办公室在深圳召开会议，总结推广有关地区和部门积极运用微博客等社交网络服务社会、联系群众等方面的工作经验。王晨再次发表讲话提出，要积极发展政务微博，利用政务微博在“网民问政”和“政府施政”之间搭起桥梁。

2012年政务微博除继续保持数量持续增长外，在覆盖范围、微博质量、应用水平、综合影响力等方面呈现出不断提升的趋势。截至2012年10月底，新浪政务微博总数达到60064个，同比净增41932个，增长率达231%；截至2012年11月11日，腾讯政务微博总数达到70084个。政务机构微博覆盖范围进一步扩大，基层微博和中央部委微博齐头并进，形成公安、宣传、交警、交通、共青团、旅游、司法、气象、工商税务和医疗卫生等十大政务微博垂直方阵。政务微博日常运营趋于制度化，从信息发布走向双向互动，近民生，务实事。

2012年11月9日，“国务院公报”以实名认证的方式在新浪开设官方微博，9日上午11时08分发布消息说，“国务院公报微博10日将正式上线，将秉承‘传达政令、宣传政策、指导工作、服务社会’的办刊宗旨，及时准确地公布国家的重大方针政策”。这标志着我国中央政府正式开始运用微博发布政务信息。该微博一上线就引发舆论关注，不到一天已有13万粉丝。截至2012年11月25日，国务院公报微博粉丝已超过50.8万。

在公安部交通管理局微博@交通安全微发布带动下，2012年9月26日“交通安全微博发布厅”正式上线，首批共有全国2600余个基层公安交通管理部门政务微博、交通警察个人微博加入“发布厅”。发布的主要内容包括我国道路交通管理、交通安全政策法规、各地重大活动交通管理措施、重要节假日安全出行提示等服务性、实用性信息。同时，发布厅也带动各地结合典型案例，及时开展交通安全宣传，并汇集互联网上宣传交通安全的视频、音频资料，传播宣传交通安全知识。

商务部官方微博@商务微新闻于2012年6月26日开通。上线3天后即迎来

“萌猫事件”。面临突发情况，商务部微博工作人员并没有选择联系平台运营商删除相关内容，而是较好地运用“转堵为疏”策略，成功应对此次舆情，顺利完成上线后的第一次考试。

中国地震台网速报将微博深度植入自己的灾情预报系统，作为自己最主要的灾情发送渠道，为IOS、android等系统都开发了相应的APP。在政务微博中，这种将微博产品与政府服务结合的应用，可以说是首创。

2012年7月21日北京暴雨灾害当晚，@北京发布、@北京消防、@平安北京、@交通北京等与16区县政务微博持续不断发布官方信息，满足市民迫切需要，并与市民微博互动形成协力；@问政银川在接到网民爆料后9分钟后即查清冒用政府名义的违规行为，并在20分钟内赶往现场责令改正；海南开通首个“信访微博”，积极接受群众诉求，主动介入社会热点问题，在为民众解决实际问题的同时，树立了政府的良好形象。

河北省文明办“善行河北”官方微博。2012年11月，河北省委宣传部、河北省互联网信息办公室、新浪河北联合举办“经济强省和谐河北我的精彩五年——大型网络征文活动”。活动由活动专题、线上征文、微博有奖互动、微访谈、颁奖座谈会、文化体验之旅几部分组成，活动过程中借助微吧等新媒体产品鼓励用户积极参与，取得了良好的宣传效果，同时也为后续微博内容的沉淀、活动成果的展示打下了良好基础，成为政府部门积极运用新媒体执政为民的优秀典型。

2012年9月，新浪微博平台推出了微博办事厅产品，将原有的“单向发布”变为了“单向发布与双向互动”相结合。借助此平台优势，10月至11月期间，南京市玄武区、建邺区等8个区县官方微博设立了8个政务微博民生服务日，就各类民生热点问题与网友互动交流，共收到近400个网民问题，回复约200个。这种区域政务微博集中的民生互动服务，展现了南京市各区县政府善于利用微博平台倾听民意和为民办事的诚意。

2013年4月9日，国务院新闻办公室副主任钱小芊在参加第六届中美互联网论坛时指出，中国97%以上的中央政府部门、100%的省级政府和98%以上的地市级政府部门开通了政府门户网站，政务微博账号数量超过17万个。

○网络拓展反腐倡廉渠道

2012年，网络监督、网络反腐的力度在加大，尤其是微博成为网络反腐倡廉的前沿阵地。

早在2009年9月，中国共产党第十七届四中全会在《中共中央关于加强和改进新形势下党的建设若干重大问题的决定》中就提出“健全反腐倡廉网络举报和受理机制、网络信息收集和处置机制”。通过网络拓展反腐渠道是中国特色反腐倡廉道路的重要组成部分。

2012年8月30日，最高人民检察院党组副书记、常务副检察长胡泽君在第十届全国检察长论坛上要求,要高度重视以互联网为代表的新兴媒体的建设和利用,抢占信息发布的“制高点”。9月14日，司法部副部长、全国普法办副主任张苏军在全国运用互联网开展法制宣传教育工作座谈会上指出，要充分认识新形势下运用以互联网为代表的新兴媒体开展法制宣传教育的重要性和紧迫性。

作为全国唯一的省级政法综治部分的官方微博，@广东政法走在前列，其日常微博标签主要为“反腐”、“平安广东”、“司法公开”，能够通过微博平台回应社会大众及媒体对反腐败、司法公开等敏感话题的关切，及时公布相关信息。2012年11月25日，@广东政法发布微博称“微博案源多，鼓励广东各级检察院及其反贪局、反渎局开办官方微博，循线依法反贪反渎”。

2012年10月18日，河南省高级人民法院“豫法阳光”官方微博通过全省法院“豫法阳光”群开展微直播集中接访当事人活动，全省各分院分管立案信访的院领导带领微博接访人员全天守候接访，并通过“豫法阳光”官方微博对活动进行了全程微直播。这是全国法院系统第一次微博接访，不仅为百姓办了实事，同时其积极应对的态度也获得了良好的社会反响。

2012年4月12日，海南省委群众工作部、海南省信访局率先在全国开通了信访政务微博，成了全国首个“信访微博”。该微博积极接受群众诉求，主动介入社会热点问题，树立政府的权威形象。6月中旬，安徽游客姚远在@海南信访群众之家微博留言，反映他来海南旅游遭遇旅行社恶劣接待。该微博参与事件处置全过程，并进行“微博直播”。最终事情得到妥善解决。针对民众关心的焦点话题，该微博第一时间关注督办，并及时发布投诉反馈。该微博体现了群工、信访部门为民服务观念、方式的转变。

2012年10月6日，四川眉山某网友在其微博中称当地一派出所所长酒后打人，并写出了打人者的职务和姓名，引发网友关注。10月7日，“东坡区纪委”两度发博作出回应，向群众通报调查情况及处理意见。“东坡区纪委”积极面对网络舆情的做法，对政府了解民意、听取民意、缓解社会矛盾发挥了积极的意义，同时也有利于增强政府的公信力，加深了公众对政府的信任，为基层政务微博树立了榜样。

资料显示，近5年来的39个网络反腐典型案例中，2008年2例，2009年3例，2010年7例，2011年8例，2012年19例，呈逐渐增多之势。2012年，微博爆料一次次成为反腐风暴的亮点，先后有5名厅级官员因网络曝光被调查，并被停职或免职，微博已成为最重要的举报阵地。

众多官员在网民的爆料后经纪委监察部门调查核实证明情况属实而被查处。陕西省安全生产监督管理局局长、党组书记杨达才2012年8月26日在处理延安重大交通事故现场，因不经意的一个微笑被人拍照上网引发争议，继而引发网友进行“人肉搜索”，发现他在不同场合戴有十多块名表，并指证其腰带和眼镜架亦价值不菲。9月21日杨达才遭到撤职处理。

特别是中共十八大后，党中央高度重视打击贪污腐败，网络反腐尤其是实名网络举报成为值得关注的网络问政新现象。

2. 新兴媒体经济不断迈上新台阶

在经济领域，新兴媒体企业是中国最为活跃的企业，中国新媒体经济不断迈上新台阶。根据工业和信息化部发布的《互联网行业“十二五”发展规划》，“十二五”期间，互联网服务业收入年均将增长超过25%，突破6000亿元。在信息经济时代，新兴媒体已成为当前极为重要和增长最快的经济产业形态。以手机短信为例，全球发送短信总数从2007年的1.8万亿增长到2010年6.1万亿条，按国际标准，以每条短信7美分计算，2010年，全球短信产值竟达4270亿美元。据《2012年中国传媒产业发展报告》统计，2011年中国传媒产业总产值达到6379亿元人民币，而其中互联网业务规模已占据了整个传媒产业的半壁江山。

根据艾瑞咨询最新统计的数据显示，2012年中国网络经济市场规模达3850.4亿元，同比增长54.1%。

移动通信的发展将极大促进经济增长。全球移动通讯系统协会(GSMA)发表的一份研究报告显示，移动上网使用量越多的国家，其人均国内生产总值(GDP)的增长就越快，对生产力也有所提升。该报告根据对96个国家的资料分析显示，3G渗透率每增长10%，人均GDP随之上升0.15个百分点。在移动上网方面，14个国家的资料显示，移动数据用量每增长1倍时，可以增加人均GDP0.5%，像俄罗斯、英国和韩国等3G移动数据应用水准较高的国家，更达到提升人均GDP1.5%的效果。

移动数据和互联网业务发展迅猛。据2012年12月24日工信部发布的最新行业统计数据，截至2012年11月，全国电信主营业务收入累计完成9833.7亿元，比上年同期增长9.2%，实现平稳较快增长。2012年1至11月，中国移动实现收入4546亿元，中国联通完成收入728亿元，而中国电信则实现收入445亿元。由于智能终端和移动网民规模的快速增长，移动互联网市场规模呈现高速增长。据艾瑞咨询统计，2012年中国移动互联网市场规模为549.7亿元，增长率为96.4%。

2012年中国电子商务市场整体交易规模为8.1万亿元，增长27.9%。中国网络购物市场继续快速发展。艾瑞咨询数据显示，2012年中国网络购物交易规模突破10000亿元大关，达到13040.0亿元。移动电子商务爆发式增长，在整体移动互联网市场规模中的占比增至30.5%。2012年中国移动购物交易规模达550.4亿，占网购整体交易规模4.2%，和2011年的1.5%相比有了大幅度提升。市场份额方面，2012年淘宝无线、手机京东商城、手机腾讯电商分别以76.4%、5.2%和3.9%的占比位居国内前三。

互联网数据中心（DCCI）发布报告预测，在信息服务方面，百度2013年年营收额将达到229亿元，超过央视的205亿元。网络广告是所有媒体中广告增长速度最高最快的媒体。市场研究公司eMarketer最近发布的研究报告显示，2012年全球数字广告支出达到1000亿美元高峰值。eMarketer预计，2013年全球数字广告支出总计将达到1184亿美元，同比增长15.1%。根据艾瑞咨询的统计，继2011年首次超越报纸广告市场规模后，2012年中国网络广告市场依旧增长强劲，规模达到753.1亿，较2011年增长46.8%，直逼电视广告的861.3亿元。值得关注的是，新兴媒体对其他产业具有巨大的带动作用，2012年网络购物的兴起极大地带动了物流业的繁荣。

据《中国物联网发展报告（2012—2013）》统计，2012年，中国物联网产业规模超过3650亿元人民币，较2011年同比增长38.6%。

2012年，新媒体充分显示了在经济领域的价值，不仅自身规模不断扩张，对国民经济的拉动作用也十分明显。4G网络前期建设拉动的投资规模在5000亿元左右，网络正式商用后，还将带动终端制造和软件等上下游行业，产业规模有望突破万亿元大关。

电子商务的高歌猛进颠覆传统商业生态。2012年11月11日全天淘宝和天猫完成销售额191亿元，不到半天便完成了2012年十一黄金周上海395家大中型商业企业5000多家网点的营业收入，展现了电子商务的惊人能量。2012年仅浙江一省就实现电子商务交易逾万亿。工业和信息化部年内发布的《互联网行业“十二五”发展规划》提出，2015年电子商务交易额达到18万亿元。网络购物不仅转移了线下的存量，而且拉动内需，做大了消费的蛋糕；不仅扩大消费、促进经济内生性增长，还和实体经济相互渗透、加速融合；不仅影响消费领域，还影响生产制造领域，C2B（消费者对企业）模式的兴起将引发制造业的变革。

新媒体发展不断催生新的经济增长点。据麦肯锡分析，2012年我国出口手机突破10亿部，2013年我国云计算产业规模将达1174.12亿元，“十二五”期间我国物联网产业规模将超过5000亿人民币。这一串数字说明新媒体在促进经济结构调整和转变经济发展方式方面发挥着日益重要的作用。

3. 新兴媒体不断释放正能量

正能量是2012年网络中频繁使用的一个词汇。它的一个基本特征就是通过发现普通人身上的真善美将其转化为全社会的友爱和谐、积极向上、务实真干的力量。而网络正是激发正能量、传递正能量的有力手段。

团中央维护青少年权益部于2012年5月21日建立了@共青团12355青少年服务台微博发布厅，利用微博将原有覆盖全国的12355青少年维权服务平台同步移植到微博当中，目前已经有百余家12355服务台开通了新浪微博，并将日常的工作与微博结合。一方面，将热线接到的咨询案例及专家意见一并通过微博发布，为更多青年提供借鉴；另一方面，各地服务台微博直接回答青少年在微博上的咨询，让微博成为除电话之外的另一个维护青少年权益的重要渠道。通过栏目优化、开展活动等方式，上海共青团12355、重庆共青团12355等均已成为维护青少年权益的明星账号。共青团12355微博发布厅在纳入各地服务台的同时，也注意动员专家资源，将孙云晓、知心姐姐卢勤等一批青少年问题研究专家纳入到体系当中，共同在微博中完成对青少年权益保护工作。

2012年10月中旬，团中央志工部、中国青年志愿者协会联合策划发起了“走进七彩小屋、体验七彩课堂”志愿者体验日活动。全国31个省级及其下属志愿者相关账号参与了本次活动，北京、武汉、广东惠州、辽宁、上海等五大城市展开了线下志愿者招募活动，共招募到50名网友走进七彩小屋，利用微博播报志愿体验活动。政府借助媒体平台，联合企业，共同发起爱心活动，拓宽了公益活动的范围，起到了主导和示范作用，得到社会各界的好评。

2012年8月21日晚上，武汉市民政局的官方微博“武汉民政”一连发了十多条微博，公布了一组长期滞留在救助站的流浪儿童的详细信息与照片，呼吁网友们转发，帮助他们尽早回家。这些微博得到了武汉民政政务微博数万多粉丝的积极响应。据统计，这些微博被转发超过10万次。许多V用户诸如@经视直播官方微博、@湖北省政府门户网站、@艾仕基金、@民警王秀华等都进行了转发与评论，网友舆论的凸显“正能量”。

很多网友自发寻找身边的感人的故事发布到网上，更多的网友将自己的感动在转发中传递，并加入自己的感悟。最美女教师张丽莉、最美新娘李成环、最美司机吴斌等普通人所做出的不平凡的事迹令广大网民动容称颂传递。网络公益、网络互助让新兴媒体的正能量进一步释放，成为2012年的风景。当危难来临时，众多不留姓名的网民志愿者迅速行动献出爱心。如北京遭受7·21暴雨的当晚，当网友听说机场滞留大批旅客时，马上倡议开私家车前往免费接送，志愿者车队以双闪灯为统一标识。当大批乘客在公路上被洪水包围时，150多名农民工奋不顾身进行救援。他们不是事不关己的观望者，而是尽自己所能的行动者。

4. 加强对外传播打造新媒体公共外交平台

移动终端平台拓展了对外传播的渠道，微博等社交媒体成为公共外交和对外传播的新平台。

诸多外国使馆在华开展“微博公共外交”，通过微博直接与中国网民交流，向中国网民介绍本国基本情况、社会常识、本国政治、文化特色以及本国政府立场等。而全球范围内，“Twitter外交”也成为一个新词，众多国家在Twitter上建立账号。而据国际智库针对164个国家社交网络状况得出的研究显示，有75%的国家领导人使用Twitter。

为增强在互联网上的国际传播力，新华社在2012年3月1日以“Xinhua News Agency”名义开设了推特账户@XHNews，对全球用户刊发新闻报道，作为对外传播资讯的初步尝试，受到了广泛的关注。新华网英文论坛于2012年7月17日上线后，作为新华网与海外网民之间互通互联的交流平台，吸引网民广泛参与，单日访问者数从开通初期的700多人次增加到了现在的7000多人次。

2012年7月，新华社首款英文互动数字杂志《阅读中国》（Read China）

在苹果应用程序商店上线；11月，新华社首款新闻类阿拉伯语互动数字杂志也出现在苹果应用程序商店的列表中。此前，中国日报分别于2010年和2011年推出《中国日报精选》(China Daily Digest)和《中国日报即时新闻》(China Daily News)两款iPad客户端，提供全天候第一时间的新闻咨询服务。中国外文局也在2011年底推出全球首款中英双语财经类文摘iPad读物，英文版针对欧美读者关注的中国话题，提供中国百余家媒体、权威机构的观点与精彩评论，并一度登上苹果商店新闻类推荐榜。再加上2011年国务院新闻办公室推出的“中国国新办”iPad应用，平板电脑的小小屏幕已经成为宣传中国的大窗口。

5. 新兴媒体催生新文化

新兴媒体催生出诸多社会新文化。

○新兴媒体掀起学习新风尚

2012年6月，光明日报联合学习出版社举办了“回顾辉煌历程喜迎党的十八大”党史知识竞赛，通过网络、手机等各种形式，发动广大读者参与大赛。在短短的3个月内，此次大赛网络参赛用户总数达3111208人，网络集体参赛单位共计2612家，在全国掀起了一股“学党史、知党情、感党恩、跟党走”的爱党热潮。2012年9月，光明日报联合中国网络电视台、中华书局、中国移动共同举办第一届“诗词中国”古体诗词大赛。大赛除网络、短信参与外，光明网还联合中国移动推出了微博、二维码、移动媒体客户端等各种新兴的参与形式，力求让读者用最方便、最常用的手段，参与到手机文化的建设中来。共青团福建省莆田市委在2012年11月底发起“学习十八大精神·晒青春感言”微博竞赛活动。

○数字化拜年成主流

以传统的拜年为例。2013年2月19日，工业和信息化部发布2013年蛇年春节期间通信业务统计。据工信部统计，春节假期期间，内地短信业务量311.7亿条，同比增长8.3%；彩信业务量为1.3亿条，同比增长16.7%。此外，近两三年兴起的微博和微信成为拜年的重要方式，二者均是互联网和移动互联网上最流行的应用，能够实现用图片、视频、音频、动漫等方式发送新春祝愿。这两项业务均是数据业务。数据显示，蛇年春节期间，移动互联网接入流量达到1971.5万GB，人均接入流量达到26.4MB，比平日流量高33.6%。数字化拜年已成为新媒体时代的中国新文化。

○视频文化成为网络传播主流

2012年，在宽带中国战略的推动下，视频文化成为网络传播主流。

2012年我国微电影、微视频行业整体发展势头强劲，微电影进入爆发增长期。网民和移动视频用户的稳步增长为微电影行业带来广阔的发展前景。我国微电影市场规模在2012年已达百亿，预计2013年将进一步增长。

为纪念中国共青团建团90周年，展示广电青年风采，广电总局团委与中国网络电视台在2012年5月至9月联合举办广电青年微视频创意影像大赛，鼓励青年同志以影像手段充分表达自身对广电核心价值理念、对自身成长的认识以及具有时代特色的独特创意，彰显广电青年职业素养，提高青年多媒体创意、制作、传播能力，为发现人才、积累素材、创作精品创造平台。

2012年12月24日，中国第一视频网站优酷公布了2012年中国十大网络视频，在2012年中曾引起广泛热议的“老外施暴宣武门被打”、“拯救月亮熊”、“Style风靡全球”、“广渠门溺亡司机”、“北京‘爷们’廖丹”、“央视雷问‘你幸福吗’”、“莫言领奖演讲”、“西安日系车主被打”、“‘楼道王菲’因为爱情”以及“Mike隋超强模仿12人”等十大视频当选。这十大视频盘点，基本上涵盖了2012年全年的热点事件，其中优酷首发的热点视频“老外施暴宣武门被打”总播放量超过1200万，评论超过10万条，并在微博迅速传开，还成为当时的百度热词，形成了极大的影响力。

2012年，优酷依据“点击率、播放量、影响力以及传播度”四大评选标准从海量视频中评选出年度十大视频，无论在内涵还是形式方面都很有代表性，有助于理解中国主流网络文化和网民心理。比如，“老外施暴宣武门被打”以及后续一系列随手拍不文明老外的视频，让对“国际友人”一向怀有好奇心的中国人开始反思，身边何以突然冒出这么多丑陋的外国人？从民众心理上彻底祛除了仰视老外“超国民待遇”的病根儿。再比如，“广渠门溺亡司机”让全民全国直视政府的管理缺位，“央视雷问‘你幸福吗’”也引发了“压力全球第一”的中国人对幸福的思考，还有“西安日系车主被打”更让全中国人民深深反思该如何理性爱国。

在优酷此次评选出的十大视频中，还有播放量和传播率都非常高的一些娱乐音乐类视频，如“Style风靡全球”、“‘楼道王菲’因为爱情”以及“Mike隋超强模仿12人”，这些视频一经推出就被广大网友广泛传播，掀起各种模仿调侃热潮，深刻反映出了当下全民寻求“释放”、追求“纯净”、乐于以“屌丝”自嘲的各种现实心境。

优酷推出的“拍客”直接影响了传播方式的变革。优酷作为中国领先的视频媒体平台，在用视频记录社会发展进步的同时，积极践行社会责任，发起“不做看客做侠客，记录身边好心人”、“榜样季”等公益视频征集与内容主题编播，并建立了视频媒体中唯一的公益频道。目前，优酷已成为视频公益的策源地和先行者。

经过几年的年度热点视频盘点，优酷已经形成了其“关注民生，关注平凡中的不平凡”，以平民视频直击社会现实，又同时弘扬温暖、感动与爱的独特影响力和价值观。这其实也代表了中国网络文化的主流。2013年1月5日，中国第一视频网站优酷迎来新年开门红，获得“创意中国榜”2012年度中国文化创意产业领军企业殊荣。

以新媒体为平台，各种文化事件和文化现象层出不穷，传播范围广，参与人数多。“杜甫很忙”、“元芳，你怎么看”恶搞成风；“江南Style”“航母Style”一夜风靡；百度贴吧诞生的“屌丝”一词登上《人民日报》和中央电视台；新闻联播抛出的“你幸福吗”变成网络热点；“伦敦奥运会”、“甄嬛传”、“舌尖上的中国”、“中国好声音”的屏幕热映和微博热议交相呼应。

6. 新兴媒体的挑战与机遇并存，发展与规范并重

新兴媒体是一把“双刃剑”，它在促进我国经济社会等方面发展的同时，也给我国经济、政治、文化、社会发展和国家安全、军事安全等诸方面带来严重甚至严峻的挑战。

2012年，在中国，由新兴媒体所引发的虚拟空间和现实社会的融合与冲突效应都在进一步凸显。新兴媒体是一个迅速发展起来的庞大的虚拟空间。据统计，2001年全球互联网站数量为3140万个，到2012年已经增长至6亿多个，平均每10个人就拥有一个网站。数量如此之巨的网站形成的虚拟空间，规模空前庞大而又能深刻影响现实社会，必然严重冲击着社会秩序问题。

中国拥有全球最庞大、最复杂和应用最丰富的新媒体传播空间，也难免会出现一些问题。2012年中国网络舆情空前复杂，网络意识形态安全、网络谣言、网络诽谤、垃圾短信、公民个人信息安全等问题相对比较突出。

据国外媒体报道援引来自中国国家计算机网络应急技术处理协调中心的数据称，2012年1月至6月，国内大约有780万台计算机遭到了来自其他国家的2.79万个IP地址的攻击。这些攻击主要来自美国、日本、韩国等国家。来自境外对我国的网络攻击数量正在不断增加，形势变得越来越严峻。

2012年，新媒体业发展带来的权益侵害问题引发了社会的普遍忧虑。从国际层面来看，苹果与三星的专利权之争仍在纠缠不清，谷歌新闻引发的版权纠纷此起彼伏；国内层面，从中国作家富豪榜·顶级出版人高峰论坛发布的“1129反盗版共识”，到中国作家维权联盟起诉苹果案，再到奇虎360和百度的3B大战，因为版权问题引发的争议成为社会各界普遍关注的热点。在规范方面，由于中国新兴媒体发展速度快而相关法规建设比发达国家滞后，2012年我国通过加强网络立法、部门监管、行业自律和网民自律来使新兴媒体更为有序地发展，体现了建设与规范并重的思路。

○法规制定

2012年12月28日，十一届全国人民代表大会常务委员会第三十次会议审议通过了《关于加强网络信息保护的决定》。这是继2000年12月28日九届全国人大常委会第十七次会议通过《关于维护互联网安全的决定》之后，中国最高立法机构颁布的又一部有关互联网管理的法律。

从2012年3月15日起，工业和信息化部制定的《规范互联网信息服务市场秩序若干规定》开始施行。2012年6月，工信部出台《关于加强移动智能终端进网管理的通知》(征求意见稿)。国家广电总局和国家互联网信息办公室于7月9日联合下发《关于进一步加强网络剧、微电影等网络视听节目管理的通知》，要求互联网视听节目服务机构对网络剧、微电影等网络视听节目一律实行先审后播。2012年9月25日，国务院法制办公室在其官方网站全文公布《中华人民共和国地图管理条例（征求意见稿）》，征求社会各界意见。意见稿要求，强化对互联网地图服务的监管。由国家新闻出版总署起草的《网络出版服务管理办法》（修订征求意见稿）已在12月18日在国务院法制办公室网站全文刊出向社会征求意见。在省、区互联网法规制定方面，西藏自治区发布了《互联网用户真实身份登记管理暂行办法》（2012年5月1日起试行）。

○行政监管和专项行动治理

国家互联网信息办公室和各地网管、通信、公安等部门对各类违法违规网站和人员进行了处理，破获了一批重大案件。2012年2月27日，国信办等9部门再次启动深入整治网络淫秽色情和低俗信息专项行动；3月26日，工信部开展端口类短信群发业务清理整顿专项行动；4月，公安部部署20个省市区公安机关展开侵害公民个人信息案统一收网行动；7月1日，国家互联网信息办公室、国家版权局等4部门联合启动打击网络侵权盗版专项治理“剑网行动”。这是自2005年以来开展的第八次网络侵权盗版专项治理行动。

○业界自律

奇虎360在2012年8月推出搜索服务并引爆“3B大战”，搜索市场掀起了新一轮恶性竞争，凸显出相关企业规则意识的缺失。中国互联网协会于11月1日举行《互联网搜索引擎服务自律公约》签约仪式，百度、即刻搜索、奇虎360等12家企业当场签署。自律公约规定搜索引擎服务提供者有义务协助保护用户隐私和个人信息安全，尊重权利人的合法权益，抵制不正当竞争行为。互联网行业自律和公众监督不断增强，成立了中国互联网协会。行业协会、企业、用户团体等各相关方，共同制定并实施了包括“中国互联网行业自律公约”、“反网络病毒自律公约”等互联网行业规范和自律公约，设立了12321网络不良与垃圾信息举报受理中心。

○微博管理

为了规范微博客传播秩序，针对微博上存在的谣言和虚假信息传播、买卖“粉丝”、网络欺诈等突出问题，《北京市微博客发展管理若干规定》于2011年12月16日正式公布施行。根据规定，北京自2012年3月16日开始实施对用户采取“后台实名、前台自愿”的实名方式，未通过身份认证的微博用户不能发言、转发，只能浏览。这是中国微博发展管理的第一个法规，也是世界上第一个地方政府颁布的微博专门管理规定。该规定提出用户“通过微博客制作、复制、发布、传播信息内容，应当使用真实身份信息注册账号”的“实名制”管理办法。这一微博实名制管理办法出台后立即受到广泛关注。作为微博客发展的重点地区，北京市在努力探索微博管理这一新课题方面迈出了一大步。

不少网站不断加强微博自我管理措施。例如，新浪为建立公开透明的违规处理机制，于2012年5月8日发布《新浪微博社区公约(试行)》，并同步发布《社区管理规定(试行)》及《社区委员会制度(试行)》。搜狐针对原创微博遭到剽窃、原创的微博内容被人结集出版屡屡出现的现象，在2011年底出台了《搜狐微博版权保护公约》，从2012年1月1日起实施微博作者签约制度。

整体而言，新兴媒体对于中国社会发展的作用，积极性高于消极性，正能量大于负影响。

六、展望与建议：中国新兴媒体的崛起时代开始了

六、展望与建议：中国新兴媒体的崛起时代开始了

作为一个新兴媒体的后发国家，在国家战略的支持下，中国在奋力由新兴媒体大国转向新兴媒体强国。

回顾2012年，我国在新一代信息技术和标准的自主性方面取得突破性进展，新兴媒体用户和基础设施蓬勃发展，4G、云计算、大数据等新技术开始步入实践阶段，新兴媒体应用不断创新，新兴媒体产业规模稳步提升，新兴媒体市场、产业格局持续深化，中国新兴媒体的崛起时代已经开始了。

展望2013年，“宽带中国”战略将稳步实施，我国在新一代网络基础设施方面将不断推进，移动互联网与无线宽带结合将形成更加广阔的市场，中国互联网用户将突破6亿，3G进一步规模化发展，4G商用步伐提速，云计算产业将呈现爆发式增长，应用服务市场将持续扩大，电子商务、网络游戏、网络视频等应用服务领域的竞争更为激烈，新兴媒体对国民经济的影响进一步加强。

当然，新兴媒体的发展与综合国力、科技水平，和新兴媒体的既有发展基础等诸多因素相关，中国要真正成为一个新兴媒体强国，还将会是一个充满挑战的过程。

1. 坚持走有中国特色的新媒体发展之路，从国家发展战略高度重视新兴媒体建设

○新兴媒体是关乎国家前途的全局性制高点，要进一步从国家战略的高度重视新兴媒体建设

“十二五”是我国经济社会发展的重要机遇期，扩大消费需求，积极稳妥推进城镇化，发展现代产业体系，为互联网的发展创造了强劲的需求动力和巨大的市场空间，互联网自身也面临着不断完善基础设施、繁荣服务业态、深化应用普及的发展责任。当前，全球互联网正处在快速变革的时期，各国在下一代互联网、物联网、云计算、移动互联网、三网融合等技术业务变革中面临的机遇和挑战类似，发展起步的差距不大，这为我国在新时期互联网发展和国际竞争中加快创新、不断迈进提供了难得的历史机遇。

面临日益激烈的国际竞争形势，面对互联网不断发展创新的步伐和日益加大的安全压力，我们必须主动适应经济社会发展的紧迫要求，把握互联网技术产业变革的趋势和规律，力争在新一轮互联网产业技术革命中赢得优势，为我国加快转变发展方式、迈进信息社会奠定坚实基础。

新兴媒体的发展特点充分表明，新媒体越来越成为一个关乎国家全局的制高点。目前不少国家都把发展新兴媒体提升到国家战略的高度，我国要进一步从国家整体发展战略的高度重视新兴媒体建设。

要以国家战略和政策为先导，对如云计算、下一代互联网等新一代基础设施中的基础性、革命性的技术给予项目和资金支持；在知识产权、对

外贸易等方面对移动互联网领域等给予倾斜政策支持，培育我国企业在该领域的国际竞争优势；积极应对大数据的网络发展趋势，在IPv6部署、频率分配等方面进行战略规划；不断优化新兴媒体产业格局，培植民族企业品牌和有竞争优势的中小企业，确保在新一代信息技术革命竞争中保持优势地位。

新媒体网络空间可以说是当前各国必争的战略空间，我国应该充分认识网络空间的重要性，并探索旨在维护国家空间安全的战略。

当前世界主要国家结合本国资源禀赋与核心优势，相继出台互联网国家战略和行动计划，加快构建现实世界与网络空间有机统一的国家综合竞争新优势。针对西方国家竞相制定网络空间战略，俄罗斯近年来极为重视网络空间战略的重要性。其国防部2012年初公布《俄罗斯联邦武装力量信息空间活动概观》，指出："各种信息系统、计算机网络和电子媒体的高速发展在千年之交催生了全球信息空间，它成为继陆、海、空、天之后第五大被发达国家用来完成军事任务的空间。鉴于信息系统的脆弱性，具有跨国破坏性的网络武器被迅速开发和扩散，这使得网络战的重要性急剧提高。"《概观》还提出了俄罗斯应对西方网络战的基本原则和实施措施。这方面我们可以适当借鉴俄罗斯的经验。

○加大对企业研发的支持力度，提高新兴媒体关键技术的自主创新

作为指导我国2011—2015年五年经济社会发展的国家发展战略，"十二五"规划特别强调"新一代信息技术产业重点发展新一代移动通信、下一代互联网、三网融合、物联网、云计算、集成电路、新型显示、高端软件、高端服务器和信息服务”。这表明，优先发展新兴媒体技术，提高关键技术的自主性已成为我国经济社会发展战略的重要内容。我们要坚持创新发展全面提升的原则，着力推进互联网技术、业务和商业模式的自主创新，围绕应用服务、网络设施、终端平台等关键环节，攻克和掌握核心技术，促进应用创新、网络演进、技术突破和产业发展的互动协同，实现互联网应用、技术、产业的全面提升。

尽管近年来，我国在关键技术创新上有了长足进步，但互联网技术创新能力和产业实力偏弱，操作系统、核心芯片等关键技术瓶颈仍未根本突破。因此，我们要加大对新兴媒体企业的扶持力度，支持健康向上的数字内容服务，加强对中小企业特别是创新型企业的知识产权保护和服务，为企业提高研发水平提供更优惠的政策支持和创设更好的产业环境，突破智能搜索、新一代Web及浏览器、多媒体等互联网应用关键技术，抓住机遇突破互联网相关高端软件和基础软件的研发，重点支持移动智能终端操作系统、网络化操作系统平台、智能海量数据资源中心管理系统等新兴网络化基础软件研发与产业化，支持面向互联网新兴业态的关键应用软件和信息技术支撑软件研发及产业化。我们还要支持高端服务器和核心网络设备等产业发展。研发高并发性、高吞吐量、高可靠性、高容错性的高端服务器，以及高处理能力、低成本、低能耗的超级服务器；研发低能耗高端路由器、大容量集群骨干核心路由器和虚拟化可编程路由器等核心网络设备。加强核心芯片设计制造能力，研发低能耗高端路由器芯片、高速接入设备芯片，以及支持下一代网络的智能终端芯片等核心器件。

在1G时代，我国基本没有自主专利，2G我国基本是从产业末端介入，3G则是从技术标准制定末端介入。而在4G研究中，我国政府吸取3G产业化的经验和教训，从一开始就发动企业参与其中，共同推进4G的研发，终于在4G技术标准上取得突破性进展，标志着中国在新一代信息技术的关键领域取得重大进展。

以华为和中兴为代表的中国通信设备厂家经过多年产品开发与技术研究积累，在4G产品关键技术研究水平上有了本质提升，完全改变了过去2G/3G标准基本专利主要掌握在国外厂家手中的现象。更重要的是，4G标准基本专利的均匀分布，有助于构建平衡发展的知识产权许可业务环境，为4G蓬勃发展奠定基础。因此，我们要充分发挥企业参与研发的积极性，并在政策和资金上对大唐、华为、中兴等企业给予更大力度的支持，加大TD-LTE研发投入，大力突破关键技术瓶颈，加强多模芯片和智能终端等薄弱环节的研发及产业化工作，要鼓励科技中央企业“走出去”，以提升国际竞争力。

○加快发展宽带，着力推进互联网普及，加强城乡区域协调

我国人均带宽与国际先进水平差距大，“宽带不宽”、“资费偏高”一直是我国互联网行业发展的瓶颈，不仅有损中国的国际形象，还不利于我国新的新兴媒体应用的发展。2012年我国提出实施“宽带中国”工程，继112个国家之后成为第113个将宽带上升到国家战略的国家。2013年，我国宽带发展将进一步提速，中国长期以来的带宽瓶颈问题已经提上日程。

2013年1月，为加快推进四川省“宽带中国”2013专项行动实施，四川省通信管理局研究确定了全省“宽带中国2013专项行动”目标。

在互联网普及方面，我国存在比较大的地区和城乡差距。截至2012年底，北京市是我国内地互联网普及程度最高的地区，达到72.2%，基本达到北美国家、大部分西欧国家以及日本和韩国等高普及率国家的水平。我国互联网普及率超过50%的省、直辖市有8个，但内蒙古、吉林、黑龙江、广西、湖南、西藏、四川、安徽、甘肃、河南、贵州、云南、江西等省、自治区的互联网普及率未达到40%，其中贵州、云南、江西均不到30%，我国不同地区互联网普及程度存在较大差距。我国城镇居民互联网普及程度已达到59.1%，而农村仅为23.7%。但是从2011年开始，互联网在中国农村常住人口中的普及速度开始小幅超越城镇，农村互联网普及工作初见成效。

移动互联网的发展、终端的普及，尤其是农村互联网的普及速度加快，将促使2013年网民规模再度大幅增长，地区之间和城乡间的网络普及差距将逐渐缩小。预计2013年，我国互联网普及网民将突破6亿，网络普及率达到45%，提前完成《关于下一代互联网“十二五”发展建设意见》规定的网络普及率达到45%的建设目标。

○抓住“宽带中国”战略机遇，大力发展新兴媒体应用

到2015年，“宽带中国”战略计划为超过2.5亿的用户提供高速宽带连接，城市家庭平均宽带接入能力达到20兆以上，农村达到4兆以上。根据《通信业“十二五”发展规划》，“十二五”期间，中国信息基础设施累计投资

规模将超过 2 万亿。

“宽带中国”工程不仅能给客户带来更丰富的业务，而且将推动中国电信产业不断向前发展,我们要抓住机遇，培育和发展壮大电子商务、数字音乐、移动支付、定位服务、电子图书、在线应用商店、网络服务外包等新应用；支持在移动互联网、云计算、物联网、三网融合等领域实现业务创新，以应用带动宽带网络的发展。

我们要加快网络接入的宽带化建设。实施宽带中国战略，综合利用光纤接入和宽带无线移动通信等手段，加速网络宽带化进程。在城市地区推进光纤到楼入户，在乡镇和行政村推进光纤网络向下延伸。大力发展新一代移动通信，加快提升3G覆盖范围和质量，统筹推进LTE商用，建设宽带无线城市。逐步提高农村、学校与医院等公共机构和特殊人群的网络覆盖和应用普及，缩小数字鸿沟。

同时，还要加快互联网在国民经济和社会各领域的深度应用，促进信息化与工业化深度融合。据艾瑞咨询预测，到2013年，我国电子商务交易规模有望突破9万亿元，网购交易规模将达2万亿元，商业模式更加多元化。网络零售领域的市场竞争更加激烈，网购市场的格局将会调整，天猫、京东、腾讯B2C、苏宁易购、当当网等进一步保持市场领先，但是部分企业将会在竞争中被淘汰。值得关注的是，综合平台型企业、B2C等垂直型企业百花齐放，结合线下商务的机会与互联网的O2O模式将成为发展的亮点。如街库网、大众点评网、百先网、篱笆网、齐家网、拉手网、赶集网、爱邦客等，以及最近兴起的房地产网等，结合线上线下的各自特点，将取得较快发展。

我们要抓住大视频时代的机遇，力促网络视频、移动视频行业的健康发展。在未来，互联网间90%以上的带宽将被视频占据，而在线视频所具备的移动化、社交化、互动化三大趋势将使用户在视频信息的获取上更加便利与互动，所以视频媒体影响力与日俱增，同时拥有巨大的成长空间。从整个行业来看，目前的在线视频行业已经进入了成熟阶段，非理性竞争、版权资源争夺、口水战等逐渐减少，很多视频网站专注于在产品、服务、内容上的创新，寻找视频广告营销价值，形成了一个非常好的局面。视频行业开始呈现集中化趋势，将在未来以几大巨头共存的局面取代高度分散的格局，各家视频网站也将选择自己发展的路径。三网合一、多屏联动、网台同播、大剧托管成为影视行业发展的新趋势，网络视频作为传统电视台最有力的补充，在观看时间、目标受众等多个方面具有天然的互补性，能够在线扩大影视剧内容的媒体影响力和商业营销价值。

在视频端，据CNNIC发布的《第30次中国互联网发展状况调查统计报告》显示，手机视频用户数量超过1亿人，占手机网民总数的27.7%。来自优酷土豆的数据显示，优酷土豆的整体流量中，来自移动终端的贡献已超过20%。2012年，包括优酷土豆、腾讯、搜狐、爱奇艺等视频巨头纷纷推出或优化了自己的移动客户端。2013年，随着“三网融合”带来的3G服务的增长，手机视频作为年轻用户获取视频新闻以及娱乐的渠道地位将更加稳固。

2013年，视频行业将会再上新台阶。

○加快推进“三网融合”

作为新兴媒体产业发展的基础设施，“三网融合”由于将创造出新的产品和商业模式，为整个产业带来新的盈利点而一直被人们寄予厚望。2010年至2012年，中国“三网融合”有一定推进。目前，第二批试点扩大到全国54个城市，覆盖约3亿人。

根据工信部统计，截至2012年前三季度，我国IPTV用户数已近两千万，数量位居全球第一。“三网融合”已经积累了约4亿网络视频用户，近2200万IPTV用户以及1.2亿到1.6亿数字电视用户，有超过1亿人通过手机收看视频。

根据国务院此前公布的《推进三网融合总体方案》，我国的三网融合将从2013年起结束试点，进入全面推广的阶段。我们要打破常规发展，打破部门利益的约束，加快推广“三网融合”。

互联网电视应用将进一步成熟，可能出现“井喷”现象。三网融合的发展，手机、电视、电脑等各类终端的互联互通和内容共享将建立全新概念的智慧家庭互联中心，互联网电视的语音识别、电视社交、多屏互动等应用将会逐步走向成熟。

2012年1月11日，PPTV与华数集团宣布战略合作，共同开拓中国互联网电视一体机集机顶盒市场。2月21日，PPTV与CNTV在京联合召开发布会，正式宣布在互联网电视业务领域结为战略合作伙伴，在内容运营及视频技术方面展开合作。7月19日，微软与PPTV就在全球推出基于Windows Azure云平台的PPTV电视云平台达成战略合作备忘录。

2012年1月12日，乐视网与CNTV宣布达成战略合作，将进军互联网电视机顶盒市场，9月19日下午召开新闻发布会，正式披露“平台+内容+终端+应用”组成的“乐视生态”及未来的战略布局，乐视网进军智能电视行业，并将推出乐视TV·超级电视。12月19日，乐视盒子C1推出。

据专家预测，我国三网融合试点以来，相关产业市场规模不断扩大，预计未来3年内我国三网融合相关产业市场规模将达到6000多亿元。随着电信网、广电网建设升级换代，带动机顶盒、宽带终端消费将近4000亿元。

中国广播电视网络有限公司组建方案虽然最终获得了国务院的批准，但并没有如约在2012年年底正式挂牌。2012年10月25日，国务院下发了国函184号文件，同意组建中国广播电视网络有限公司，由财政部出资，广电总局负责组建和代管，注册资本45亿元，主要用于总公司平台的先期搭建，待挂牌后再逐步进行各地地方广电资产的整合。按照规划，中国广播电视网络有限公司成立后将整合全国有线电视网络为统一的市场主体，并赋予其宽带网络运营等业务资质，成为继移动、电信、联通后的“第四运营商”，同时也是广电系“三网融合”的推进主体。中国广播电视网络有限公司将首先针对缺乏资金实力的中西部有线网络运营商通过行政手段加以整合，最后再通过市场手段整合那些已经上市的广电网络公司。2013年，中国广播电视网络有限公司的作为将很值得期待。

无论从国家战略，还是从用户需求的角度，三网融合已经是一个不可逆转的趋势。广电和电信都需要用创新的应用模式和合作共赢的思路来引领下一步三网融合的进程。而对用户而言，三网融合更多的是意味着能享受双向化的“三屏互动”带来的创新服务。

在网络融合的大势下，“宽带中国”、移动互联网、“三网融合”推动新兴媒体进一步与中国社会融合。

○扶持北斗卫星导航系统、云计算、物联网的进一步商用

卫星导航系统对国防和民用产业具有极端重要性。2012年卫星导航产业已经超过1200亿元，未来几年，中国卫星导航产业会突破5000亿元人民币。随着北斗正式运用，相关的应用程序的开发和仪器设备的制造还会带动整个卫星导航，地理信息产业新一轮的转型升级。

尽管北斗卫星导航系统取得关键突破，但我国卫星导航与位置服务产业还处于较为幼稚阶段，北斗的建设亟待完善，其产业化发展过程中会面临很多问题与困境。因此，对于北斗卫星导航系统，我们要加大政策扶持力度，尤其是要促进北斗的应用，以迎来北斗系统应用产业化的高潮。

目前，中国已全面启动北斗芯片和终端的研制工作，并启动北斗行业应用示范项目。国家一系列的帮扶政策也都力推北斗系统。《地理信息产业“十二五”规划纲要》、《导航与位置服务科技发展“十二五”专项规划》以及《“十二五”国家战略性新兴产业发展规划》都将北斗系统作为重点工程予以大力支持。只有通过大额的投入，形成良好的国家级基础设施和共享平台，突破产业发展的技术瓶颈和壁垒，形成良好的产业发展大环境，才能培养促进数千亿元乃至上万亿元的产业的形成与发展。

2013年，云计算将进一步热兴。我们要积极推进云计算服务商业化发展。应该部署和开展云计算商业应用示范，引导和支持企业等开放自身的计

算存储等资源和服务管理能力，构建公共云计算服务平台，促进云计算业务创新和商业模式创新，推进公有云的商业化发展。

此外，应推动物联网与互联网的融合集成应用。结合互联网架构优化和移动互联网发展，统筹协调传感器网络等感知基础设施和智能处理中心等应用基础设施，形成依托互联网的融合发展布局。整合互联网与物联网新兴服务，开展在工业、生产性服务业、重要基础设施、城市管理、交通运输等领域的先导应用。围绕应用共性需求，建设互联网与物联网相结合的技术、测试、资源管理、信息等公共服务平台。

要积极推动电子商务加快发展。建设第三方电子商务平台，以移动互联网和移动支付发展为契机推动移动电子商务规模应用，大力发展面向中小企业的电子商务服务，完善支付体系和诚信体系等支撑环境。

2. 主动发展移动互联网，积极适应新兴媒体移动化转型

○从国家发展的高度重视移动互联网战略

在国民经济发展和信息化建设及其他相关规划中进一步突出移动互联网战略的地位。我国政府要主导移动互联网的健康有序发展，鼓励企业大力研发核心技术，建立自己的标准，在与西方公司的竞争中尽快占据移动互联网制高地。目前西方国家在市场、技术、标准等方面占有绝对优势。在全球格局中，移动互联网发展具有极大的不平衡性，西方发达国家在资本、技术、应用软件和市场占有及标准方面都拥有绝对优势。目前，我国要通过政策支持、资金资助、税收优惠等办法大力鼓励企业研发移动互联

网的核心技术，尽快改变核心技术受制于西方的局面，尽快建立并推行自己的行业标准。

要推进移动互联网整体突破。积极推动产业链协作，构建移动互联网生态体系。加快移动智能终端操作系统平台协作研发，推进操作系统、中间件、移动浏览器、应用服务、核心芯片、智能终端等领域取得突破。推动移动互联网应用发展，加快标准化，优先形成行业通用的高层应用平台，鼓励开放第三方应用开发程序接口并形成跨终端平台的应用商店，推动大规模协作的应用创新。

2012年中国电信建立创新孵化体系，设立天翼科技创投公司，首批14个项目团队顺利毕业，其中3个完成公司化投资评估。这些体系的建立使得中国电信在创新领域有了新进展。

○大力发展3G乃至4G，把握移动互联网发展主动权

经过4年的发展，目前中国的3G在全国的覆盖人口虽已达到20%，但与全球45%的覆盖面还有较大差距。2013年，中国3G应进一步提高普及程度。

2012年中国LTE/4G产业规模不断扩大，呈现快速增长态势。2013年将迎来一波增长高峰，达到150亿元，到2014年突破380亿元。预计2013年，随着4G牌照的发放，中国4G将加快应用和商用。目前，全球已有101个国家和地区的338家运营商开始LTE商用网络部署。根据预测，未来2—3年将成为全球4G网络商用的一个黄金时期。从产业化程度来看，目前我国TD-LTE产业链仍处于产业化准备阶段。3G的大规模成功商用将为4G的后续商用提供坚实的产业基础和用户基础；而4G的规模商用将为3G实现可持续发展提供重要的保证。

然而，必须引起我们重视的是，面对LTEFDD版图的强力扩张，TD-LTE目前的发展仍然不够快。当前，TD-LTE已经进入产业发展和全球布局的关键时期，亟待加速推动，而中国在这一进程中扮演着重要角色。我国拥有全球最大的移动通信市场，TD-LTE在我国的成功商用将在全球起到重要的示范效应，有利提升TD-LTE在国际市场的竞争力，一些我国比较弱势的产业环节有可能在4G时代实现弯道超车。TD-LTE的价值不仅在于运营业，而是影响到整个通信产业链的发展。

2013年，中国移动将在国内100个城市进行TD-LTE(我国4G技术标准)设备采购，通过新建和TD—SCDMA平滑升级的方式，使TD-LTE基站规模超过20万个，即2013年新建基站18万个，投资总额将达到约1800亿元。在中国移动2013年工作会议上，工信部副部长尚冰指出，国家支持TD-LTE率先发展，将加速TD-LTE扩大规模试验步伐，统筹TD-LTE和TD—SCDMA协调发展。

○加速IPv6大规模商用，增强网络基础设施支撑应用能力

目前我们使用的互联网IPv4技术最大的问题是网络地址资源有限，对于世界网民第一大国而言，中国现有的地址远远落后于网络建设需求，是我国互联网应用发展的制约因素。作为下一代互联网的关键性技术和未来互联网建构的基石，下一代IP协议IPv6取代IPv4已是大势所趋。2012年IPv6的发展已经上升为国家战略，3月，七部委联合发布《关于下一代

互联网“十二五”发展建设的意见》。2012年下一代互联网技术研发、产业化和规模商用专项已于2月启动实施，预计2013年我国将开展IPv6网络小规模商用试点，形成成熟的商业模式和技术演进路线；2014年至2015年将开展大规模部署和商用，实现IPv4和IPv6主流业务互通。我国在2013年底前逐步开展IPv6的小规模商用试点，形成商业模式和技术演进路线，为全面部署IPv6作准备。充沛的地址资源是这一过程得以顺利实施的基础。

推进互联网向IPv6的平滑过渡。在同步考虑网络与信息安全的前提下制定国家层面推进方案，加快IPv6商用部署。以重点城市和重点网络为先导推进网络改造，以重点商业网站和政府网站为先导推进应用迁移，发展特色应用，积极推动固定终端和移动智能终端对IPv6的支持，在网络中全面部署IPv6安全防护系统。加快IPv6产业链建设，形成网络设备制造、软件开发、运营服务、应用等创新链条和大规模产业。

2013年，运营商和相关企业将积极部署试点、制定迁移计划，进一步推进IPv6的落地实施。例如，中国移动将进行10个省份的网络试点改造，推出IPv6终端；中国电信进行骨干网络全面双栈化改造，新增S—CNGI路由器；中国联通开展10个试点城市规模商用部署，三大运营商均制定了在2013年发展至少300万IPv6用户的计划。百度、腾讯也纷纷制定了公司层面IPv6迁移计划和技术演进路线。海尔、康佳、海信等终端设备制造商已经开始涉足IPv6终端产品的研发。

目前我国IPv6的应用试点在教育领域已经取得阶段性成果，初步具备向广域扩展的基础。2012年，第二代中国教育和科研计算机网CERNET2是全球最大的纯IPv6网络，已经完成了100个校园网的双栈建设，IPv6用户已经超过100万，10个重要教育科研网络信息资源和应用系统已完成IPv6升级，具备了向其他领域扩展的基础。2013年，预计我国拥有的IPv6的地址数量有望突破20000块/32，我国下一代互联网体系的架构将取得突破性进展。

○移动互联网步入发展快轨，大力培植国产智能移动终端品牌

2013年我国移动互联网将快速发展，手机作为第一大上网终端的优势将会进一步扩大。

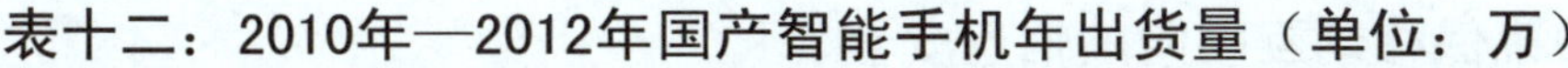

表十二：2010年—2012年国产智能手机年出货量（单位：万）

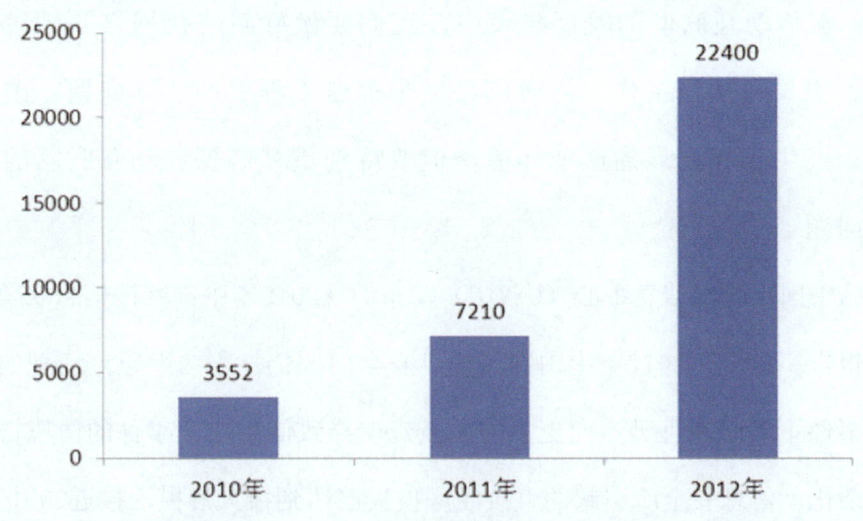

数据来源：中国互联网络发展状况统计调查

我国国产的智能手机从2009年起持续快速发展。来自工业和信息化部电信研究院（CATR）的报告数据显示，2012年上半年，出货量9738.3万部，同比增加近200%，远高于74%的全球平均增速。2012年底出货量突破2亿部，2013年出货量将有可能达到4亿部。在激烈的移动终端竞争市场中，我国的中兴、华为、宇龙、联想、金立等国产品牌近年来发展迅猛。例如，在2012年第三季度全球智能终端市场份额中，三星占21.8%，苹果占15.1%，联想位居全球第三占7.0%。华为布局全球高端智能手机市场，其推出的AscendP1、AscendD1等高端旗舰产品陆续在中国、西欧、日本、澳大利亚、加拿大等国家和地区上市并大卖。建议给这些企业以更大的支持力度，让国产手机不仅要在国内市场中占据主导地位，还要稳步向国际扩展。

○确保移动互联网的信息安全

在移动互联网的发展建设中，我们要做好新一代网络基础设施的规划、引导和扶植工作，同时解决宽带提速工程中的实际问题，改善互联网企业生存和发展的产业环境，但要特别重视确保移动互联网的信息安全问题。

中国互联网信息中心（CNNIC）发布的《2012年中国网民信息安全状况研究报告》显示，2012年中国网民信息安全问题仍然极为严重，新型的信息安全事件不断出现且迅速向更多网民蔓延，导致信息安全事件的情境日益多样复杂化，信息安全所引起的直接经济损失已达到很大规模，接近200亿元，发起信息安全事件的因素已从此前的好奇心理升级为明显的逐利性，经济利益链条已然形成，信息安全事件中所涉及的信息类型、危害类型越来越多，且日益深入涉及网民的隐私，潜在的后果更严重。所以，我们继续加快、加大对信息安全的重视和治理，始终是一个常抓不懈的重要任务，并且应根据现实信息安全状况的新变化，及时调整治理重点和治理思路。

自云计算服务出现以来，发生的大量安全事件已经引起了业界的广泛关注，并进一步引发了用户对公共云服务的信任问题。从导致安全事件的原因来看，包括软件漏洞或缺陷、配置错误、基础设施故障、黑客攻击等原因；从安全事件的后果来看，主要表现为信息丢失或泄露和服务中断。例如，2011年3月，谷歌邮箱爆发大规模的用户数据泄露事件，大约有15万Gmail用户受到影响；2011年4月，由于EC2业务的漏洞和缺陷，亚马逊公司爆出了史前最大的云计算数据中心宕机事件。要全面应对云计算发展带来的安全挑战。我国在个人隐私保护，在线数据保护，数据跨境流动等方面的法律法规存在很大缺失，还需要从立法、规章制度等多方面不断完善适应云计算发展的信息安全法律监管环境。

尤其是IPv6时代，信息安全将遇到新挑战，我国的互联网信息安全技术亟须上一个台阶，一方面可以摆脱第二代互联网IPv4核心技术受控于美国的不利局面，另一方面也可以利用IPv6促推我国网络信息安全技术加速发展。2013年1月16日国家发改委公布了《关于2012年国家下一代互联网信息安全专项项目产品测试的有关情况》，54个申报该项目的产品中有43个通过测试，这意味着我国在努力推动IPv6时代的互联网信息安全技术的发展。对移动互联网领域中操作系统、终端应用、软件服务等关键环节的掌控将更为有力，我国信息安全监控难度更大。

当前，应加快有关个人信息使用规范的法律法规的制定和出台，政府、司法、媒体等应主动介入信息安全事件处理，并为网民维权提供便利和支持，继续研究信息安全技术，不断探索新的保障模式。

加强网络与信息安全管理。深入推进安全等级保护、安全评测、风险评估等基础工作，强化IDC、域名体系等互联网基础设施安全保障，加大网络安全监测、冗余备份等安全基础设施建设力度，加强对增值电信业务、移动互联网和智能终端的网络安全监管工作。探索建立互联网新技术新业务信息安全评估体系，落实网络信息安全保护措施，提高安全防患和处置能力。进一步加强网络信息安全技术监管手段的属地化建设，强化企业网络与信息安全责任的落实。

加强互联网网络安全的应急管理能力。制定实施域名服务机构、网站分级规范，从健全工作机制、贯彻和完善工作预案等方面入手，提高重大活动保障和突发事件应急处置能力。持续推进公共网络环境治理，推进木马和僵尸网络专项打击与常态化治理，打击计算机和手机病毒利益链，组织开展网络安全联合应急演练，加强重要联网信息系统的安全监测。

提高互联网装备安全管控水平。坚持基础软硬件产品和专用安全产品并举，提高关键装备可控水平，支持安全技术产品研发，完善信息安全产业链，发展和规范网络与信息安全服务业。

培育网络信息安全环境和文化。宣传安全责任，增强政府、企业、用户各个层面安全意识，提升安全防护能力，并通过行业自律、社会监督等多种方式培育安全环境和文化。

3. 党和政府要加强应用新媒体，让新兴媒体促进中国全面发展的主流作用更为彰显

作为人类文明的最重要成果，新媒体应该是服务于社会发展的，以为人民服务为宗旨的党和政府应该加强新媒体应用，以更好地服务于人民，促进社会全面发展。

○适应新兴媒体，加快电子移动政府建设

目前党的执政方式和政府的服务方式也在经历着新媒体的转型。例如2012年2月，国际电信联盟和经济合作与发展组织（OECD）联合发布的关于2011年移动政府（m-government）报告，指出手机正在成为人类有史以来使用最广泛普及程度最高的技术应用。手机在获取互联网服务中的角色越来越重要。手机通信技术革命和高速宽带与无线网络的增长对全球经济社会发展产生着相当大的冲击。特别是政府正在经历从电子政府（e-government）走向移动政府（m-government）。

新加坡政府提出了“智慧国2015”计划，在这个为期十年的蓝图框架下，新加坡提出了两个阶段的电子政府规划，也就是当前的整合政府2010(iGov2010)计划和下一阶段2011年至2015年的电子政府总体规划。如今整合政府2010(iGov2010)计划已近尾声，并取得了里程碑式的成果，推出了1600多项电子政府服务。新加坡下一阶段2011—2015年的电子政府总体规划将借助新兴技术，顺应社会发展趋势，与私营机构和公共部门采取新的合作模式。新规划的愿景是建立一个与国民互动、共同创新的合作型政府。

欧盟正式启动了名为《欧洲2011－2015电子政府管理行动计划：利用信息和通信技术促进智能、可持续和创新的政府管理》的计划。政府管理行动计划将有助于各成员国行政机构利用信息和通信技术的优势，通过提供低成本、高水平的电子政务服务，给公民和企业带来更多的方便，提高公民和企业的生活和生产水平。欧盟将在2015年把使用电子政务服务的公民和企业的比率分别提高到50%和80%。

目前我国政府也在积极努力探索利用新兴媒体服务社会。

2011年10月，国家互联网信息办公室召开“积极运用微博客服务社会经验交流会”，提出发挥微博的积极作用，为党和国家工作大局服务。会议指出，要积极推进微博内容建设，增进知名博主对国情、社情、网情的了解，推动党政机关和领导干部积极运用微博。这些具体措施既有利于微博服务社会，又能丰富微博平台上的内容，充分利用微博的传播优势，加大对外宣介中国的力度。2012年政务微博的大发展实际体现了党和政府用好新媒体以更好服务社会的新观念。

目前，中国移动“无线城市”门户已在全国30个省份283个城市上线，相关应用超过15000个。其中，数量最多的应用为天气查询268个、政务新闻267个、办事指南267个、WLAN热点查询267个。此外，中国移动已在大部分省份实现或正在进行位置能力接入，在此基础上的应用服务也将陆续与之结合，如周边搜索、公交自驾查询、实时路况等。

○政府主导推进社会网络化

据赛迪网统计，2012年互联网产业规模接近5000亿元。预计到2013年，中国互联网应用市场规模将接近5300亿元，互联网应用服务在整体市场中的占比仍将继续提升。

随着我国社会网络化的提高，互联网与传统产业相互融合进一步深化。新兴媒体将进一步向社会各领域渗透。互联网已经成为国家重要的基础设施，移动互联网、云计算、物联网、下一代互联网等网络新技术、新应用、新平台的不断涌现，将进一步促进互联网与传统产业的发展。越来越多的工业企业将借助互联网平台进行其分销渠道的整合、供应链管理，以及对生产经营的全方位渗透，借助互联网服务带动现代物流、工业设计、管理咨询等现代服务业的发展。

我们要努力推动新兴媒体成为我国新农村建设的动力因素。互联网进一步融入农业、农村、农民的生产和生活之中，通过互联网平台开展全方位、综合化的农村信息服务，进行村务、商务、农务的全方位互动，新兴媒体将成为我国新农村建设的推动性因素。

同时，还要借助互联网进行优质教育资源的整合和全民终身教育，进一步促进教育的普及和创新；云计算、互联网等技术在医疗、交通等领域的试点应用，电子病历、智能交通等公共服务的手段和平台进一步丰富和延伸，将会促进社会服务管理模式的创新发展。

○支持主流媒体进一步做大做强

2013年，新闻网站将有可能在上市方面迈出新步伐，我们要在资金、政策上对国家重点新闻网站给予最大力度的支持，做强做大国家新闻网站。

2013年，光明日报社力求开创“新兴媒体年”，将继续加强报社各部门与光明网的报网互动，增强报纸的宣传效果，发挥光明网作为报社新媒体平台的作用，推动报社事业的全面发展。在成功举办两届“红段子”大赛的基础上，光明网提出了“手机文化创作平台”的建设规划，目前平台业务规划已经完成。

4. 规范新兴媒体市场秩序，净化网络空间，探索中国的新兴媒体治理之道

○规范新兴媒体市场秩序，提高治理水平

由于基于互联网的新媒体是一种技术主导发展的传媒形态，技术发展速度远远超过了法规的更新，所以无论是美国、英国等发达国家，还是俄罗斯、印度等发展中国家，都在不断加强新兴媒体治理。

目前我国新兴媒体存在网络与信息安全问题突出、市场行为亟须规范，市场规则、诚信体系和行业自律仍需完善，用户权益和隐私保护有待加强等问题。尽管具体做法不同，但根据具体国情、社情强化新兴媒体治理，不断提高新兴媒体治理水平是全球共同趋势。目前，互联网治理不是一个问题，关键是要提高管理水平。

我们应加强互联网安全立法，继续完善现有针对网络中流动内容的信息安全监管支撑技术手段，同时转变现在单纯以信息内容为核心管理对象的方式，逐步将移动互联网应用作为信息安全监管的另一个重要抓手，构建以应用为中心的信息内容安全管理机制。在建立信息安全产品安全审查和管理制度的同时，还应加大监管机制的建设，加强互联网技术保护措

施。规范市场竞争、落实企业责任、优化诚信环境，切实保护用户等各类群体的合法权益，构建政府依法管理、行业有序自律、社会有效监督、技术保障有力的综合管理体系和发展环境。

○借鉴他国经验，大力加强有中国特色的新媒体法规建设

在新媒体管理方面，法律是最有力的保障。但是目前我国尚缺少层级高、效力强的专门互联网法规，其他法律中相关互联网的条款修订和补充速度也比较慢，这对于法治国家依法管网来说是很不够的。中国拥有世界最大的新媒体市场，未来发展空间巨大，为了促进新媒体健康有序发展，发挥新媒体在促进社会发展中的积极作用，我们一定要借鉴其他国家的经验，根据本国国情进一步完善有中国特色的互联网法规体系。

互联网上信息来源海量化，信息传播和聚合能力空前增强，信息内容形态和交互模式日益复杂，对不良信息的管理面临严峻挑战。以智能终端和应用商店为代表，网络、系统、终端、应用的安全问题相互交织，应用层和终端的网络信息安全问题越来越突出。随着网络融合以及新技术新业务发展，网络本身也更容易受到来自内外部的攻击。云计算等新业态可以实现跨地域、虚拟化服务模式，带来大规模数据跨境流动引发的安全等问题。互联网网络形态、流量分布和网络架构的加速演化，应用基础设施的兴起，对互联网网络安全、互联互通、性能质量等提出新的管理挑战。

应对互联网的快速创新及与现实世界管理的不断交融，国际社会积极

探索适应本国的管理方式，在不断加强法制环境建设的基础上，针对网络与信息安全、个人隐私、青少年保护和知识产权等突出问题，加强政策调整和监管创新，加大管理力度和跨领域协作，强化经济、技术、法律等手段的综合运用，大力推动行业自律和公众监督，构建全方位的社会化治理体系，着力打造安全、健康、诚信的网络环境。同时，国际社会正不断加强互联网管理的国际协同，通过国际多边和双边机制，加快探索网络空间国际规则的形成，以应对日益复杂的网络空间挑战。

从国家战略层面看待个人信息安全保护问题。2013年，我们要加快个人网络信息安全及隐私保护的相关立法工作，依法加大对违法犯罪的打击力度。

○新媒体传播生态复杂，中国要从虚拟社会治理的角度加强新兴媒体管理

2012年中国突发事件、热点事件频发，使网络舆情空前复杂化，网络舆论持续高涨，网络反腐异常活跃，互联网对整个社会的深刻影响进一步彰显。凯迪网络KCIS舆情系统的统计数据显示，2012年上半年全国共发生376件热点事件，与去年同期83件相比，今年是去年的4.53倍，从去年的2天一起到今年的一天2起，热点事件的发生出现“井喷”状况。

高度网络化既促进社会的发展，但也会带来巨大的风险。据工业和信息化部预计，到2015年中国网民数将超过8亿人，其中农村网民超过2亿人，中国社会未来几年会进一步快速网络化，对此，党和政府要主导新媒体发展，坚持建设发展与规范治理并重。网络虚拟社会对现实社会的影响越来越大，中国的新媒体实际上承担的社会责任越来越大，所以我们要超越一般媒体管理的思路来加强新媒体管理。

当前中国正同步经历社会转型和传媒转型。在改革开放前，中国传媒的发展水平可以说落后西方国家有将近百年的历史；到今天中国新媒体发展与西方国家基本达到同步，仅用了二三十年就缩小了百年差距，这种发展速度在新闻传播史上可以说是空前的。在现代政治发展进程中，大众传媒始终是一种开放性风险因素，既有促进民主政治发展的作用，但也有扩大政治参与而破坏政治稳定的功能，特别是在社会结构变化过快时，发展愈迅速、政治传播功能愈强，传媒带来的政治风险越大。当前中国处于特殊社会发展阶段，中国的新媒体发展所存在的不少问题，都反映了同步经历社会转型和传媒转型的风险，多种国内外力量把开放的互联网作为谋求利益的主要渠道，一些无序的表达和政治参与严重影响了社会秩序，诸多线上纠纷有演变为现实冲突的态势。如何在保障用户自由表达等权利的基础上，提高管理水平，消解新媒体风险，是当前中国最重要的问题。

在对待互联网自由问题上，中国与美国等西方国家历来持不同立场。中国政府在很多国际场合均表达了以下基本立场：互联网自由不是绝对的，一个主权国家应该负起责任对互联网进行管理，使互联网得到健康有序的发展。2012年9月18日在北京开幕的新兴国家（中国、俄罗斯、巴西、南非）互联网圆桌会和12月5日在北京开幕的首届中韩互联网圆桌会议，成为继中美互联网论坛（2007年起）、中英互联网圆桌会议（2008年起）之后，国家互联网信息办公室组织的又一个中国与他国多边或双边互联网对话交流平台。国信办领导在这些场合的主旨演讲中均阐明了中国对互联网的基本立场：中国政府始终依法管理互联网，坚持把政府、企业、网民等各相关责任主体都纳入互联网治理体系中来。政府在互联网治理中有义务承担更大责任，发挥主导作用，并督促互联网企业自觉维护法律尊严和社会道德准则，采取包括技术措施在内的必要手段阻止违法和有害信息传播。同时，中国政府也强调加强在互联网领域进行国际交流合作的必要性，并一再表达与国际社会共同创造和平美好的网络空间的愿望。

○加强新兴媒体治理，打击网络犯罪，净化网络空间

2013年，中国的新兴媒体需要进一步有序化健康发展。

严厉打击网络犯罪

各种形式的网络谣言成为世界各国面临的共同问题，在打击网络谣言方面，各国的立场是一致的。网络犯罪已经成为成本低、危害大、不易防治的重要犯罪形式。尤其是手机社交软件微信、米聊、飞信对陌生人的定位更准确，成为作案新工具，引发了诸多犯罪案件。

目前各国针对网络犯罪问题的关注程度明显提高，都在加强打击网络犯罪。例如，在欧洲网络犯罪形势严峻。据统计，法国2011年遭受网络犯罪的

受害者人数在1000万左右，形形色色的网络犯罪造成的年度损失总额超过25亿欧元，受害者的人均年度损失额度为247欧元。针对这一问题，2013年1月11日欧洲成立了打击网络犯罪中心（EC3），以强化打击网络犯罪。欧洲打击网络犯罪中心2013年的工作经费为460万欧元，其职责是为警方办案提供专业的技术支持，协调信息。其优先工作职能包括追查在网上销售儿童色情影像的组织，追踪盗窃代码、密码和数据的网络钓鱼行为，以及网络诈骗活动。

2013年我国也要借鉴国际经验，大力打击网络犯罪。

净化网络空间

网络黑公关已成为社会公害。网络水军颠倒黑白操纵舆论。委托人以有偿方式，委托公关公司或网站内部人员，通过删帖、搜索引擎优化以及搜索屏蔽等方式来避免负面舆论的传播。目前我国对网络公关的法律规制比较模糊。建立对网络非法公关的有效监管，一方面有赖于网民媒介素养的提高，另一方面有赖于相关法律法规的制定。

探索建立互联网业务分级分类指导的监管模式

综合考虑发展阶段、形态属性、市场规模等因素，探索互联网业务的分级分类管理模式。加强互联网电信业务市场准入与新闻、文化、出版、视听节目、教育、医疗保健、药品和医疗器械等专项前后置审批的协同性，形成专项内容管理与互联网电信业务管理相互衔接、有效配合的管理局面。

大力倡导行业自律

我们要积极发挥行业协会作用，强化行业自律机制，完善行业规范与自律公约，加强从业规范宣传。督促企业加强自律，遵从商业道德，切实履行社会责任和社会义务，主动规范竞争等市场行为，加强内部管理和自律检查，自觉抵制排挤或诋毁竞争对手、侵害消费者利益等不良行为。积极引导消费者文明上网，加强网民自律。进一步健全举报渠道，鼓励社会公众积极监督、举报互联网上的不良信息传播与市场中不良竞争行为。

建立健全互联网用户权益保护机制

我们要建立完善互联网用户权益保护协调处置机制。完善面向用户权益的互联网服务质量和服务规范指标体系。加快现有电信服务规范体系、服务测评和监督检查机制向互联网服务领域延伸，完善覆盖政府、企业、社会三方的互联网用户投诉申诉处理流程和工作机制。加强用户个人数据保护，明确互联网服务提供者保护用户个人数据的义务，制定用户数据保护标准，逐步建立独立第三方评估认证制度。抓住移动互联网应用中的信息流动的关键环节，包括信息发布、内容同步更新、信息转发、下行推送等，针对不同应用的特性，有针对性地部署技术管控手段。以移动互联网应用信息安全管理为切入点，研究构建互联网业务应用信息安全风险评估机制、应用提供者的安全信用体系，以及差异化应用安全管理机制。逐步使事后处置为主的管控机制向事前预防转化，防患于未然。坚持保障网络与信息安全的原则。适应技术演进与应用发展，着力推进网络与信息安全保障体系建设，不断增强关键资源、基础网络、核心系统等领域的掌控能力和主动防御能力，实现安全发展。从制度和标准入手，建立移动互联网应用分级分类的信息安全管理制度。制定评估标准，明确评估要素、指标和评测方法。根据应用的评估结果，判定相应的安全管理级别和管理强度。同时该制度的实施应将运营企业自评估、政府行业主管部门检查评估和日常监督结合。

建立公平公正的市场竞争秩序

我们要强化市场监管体系建设。逐步建立互联网服务企业信用记录、评估与公示制度。完善市场规则和争议协调处理机制，规范互联网信息服务活动，理顺产业链上下游关系，维护公平、公正、有序的市场秩序。完善覆盖应用、接入、网络基础设施、资源各层的市场监测体系，建设和完善业务市场综合管理系统，加强系统间资源共享和高效联动，逐步建立互联网市场分级预警机制。

要加大知识产权的保护力度，严厉打击和取缔网络中的侵权、违规的操作行为，同时行业协会牵头，加强网络诚信体系建设，为创新营造良好的市场环境。建议国家出台统一的互联网补助、征税等政策，促进使各地电子商务企业公平竞争。

完善互联网金融监管体系

2012年，互联网行业企业纷纷涉足金融领域，腾讯宣布打通旗下财付通与移动产品微信的应用通道，这意味着其2亿微信用户可通过微信扫描商户二维码的方式付款，并享受折扣优惠；招商银行与HTC(中国)联合发布中国移动支付标准确立后的首个移动支付产品——“招商银行手机钱包”；中国建设银行将创新业务直指互联网企业的主脉——电子商务，宣布旗下“善融商务”上线，签约商户过千，会员发展至数十万；阿里巴巴旗下阿里小贷将向除温州以外的江苏、浙江、上海地区的B2B普通会员开放信用贷款业务。

互联网金融在不断创新的同时，也要面对有效监管的挑战。中国共有上百家P2P公司，目前并没有监管机构、第三方商业银行等对其进行监管，只能通过行业自律，所以我们要从立法和完善监管体系方面完善网络金融监管。

传世185年
正宗凉茶 王老吉

怕上火
就喝王老吉

传世185年·独家秘方
正宗凉茶王老吉